Für Frau Offenbach.

J. Held

Fritz Held
Weißes Gold für weiße Gauchos
Abenteuer Auswandern

Fritz Held

Weißes Gold für weiße Gauchos

Abenteuer Auswandern

SCM Hänssler

SCM

Stiftung Christliche Medien

© der deutschen Ausgabe 2011
SCM Hänssler im SCM-Verlag GmbH & Co. KG · 71088 Holzgerlingen
Internet: www.scm-haenssler.de; E-Mail: info@scm-haenssler.de

Ältere Gedichte und Lieder sind in der alten Rechtschreibung gesetzt.

Umschlaggestaltung: gestalterstube, Arne Claußen
Titelbild: Fritz Held (auf seinem Pferd Negro)
Satz: typoscript GmbH, Walddorfhäslach
Druck und Bindung: CPI – Ebner & Spiegel, Ulm
Gedruckt in Deutschland
ISBN 978-3-7751-5327-0
Bestell-Nr. 395.327

Inhalt

Einführung

Mein Buch erzählt von der Auswanderung früherer Tage. Sie ist nicht oder kaum damit zu vergleichen, was man heute darunter versteht. Damals hat man alle Brücken hinter sich abgebrochen, man ging auf Nimmerwiedersehen. Mittellos und ohne Rückhalt landete man nach wochen- oder gar monatelangen Seereisen im fremden Land. Dort wurde unter unglaublichen Bedingungen gearbeitet und geschuftet und meist hat man es schließlich nicht weiter gebracht als zu einem bescheidenen Bretterhaus. Wer dagegen heute geht, ist nicht mehr mittellos, sonst würde er im neuen Land überhaupt nicht aufgenommen. Sollte das Vorhaben dann wider Erwarten schiefgehen, setzt man sich ins Flugzeug und ist in spätestens zwei Tagen wieder in Deutschland. Was für ein Unterschied!

Ich stelle meinem Buch ganz bewusst ein Lied voran, wie es noch in einigen Senioren-Liederheften zu finden ist:

Wir wollen zu Land ausfahren – über die Fluren weit

Bewegt dazu hat mich seine so sehr nach Romantik orientierte Aussage:

Es blühet im Walde tief drinnen die blaue Blume fein,
die Blume zu gewinnen, ziehn wir ins Land hinein![1]

Es ist eine Art Seelenverwandtschaft, die ich zu meinem gewählten Buchtitel: »Weißes Gold für weiße Gauchos – Abenteuer Auswandern« entdecke. Der Titel drückt das Fernweh vieler Auswanderer aus. Man hätte das Buch auch mit dem alten Liedtitel »Lieb Heimatland, ade!« benennen können. Denn *Lebewohl* sagen und sagten zu allen Zeiten Menschen, die gehen. So auch die Auswanderer, über die ich berichte. Sie zogen *aus* und *wanderten* weit hinaus über ihre Heimatfluren und hinein in dunkle, unbekannte Länder, um dort etwas zu suchen und zu gewinnen, das sie zu Hause nicht gefunden hatten.

Das genannte Lied entstand um das Jahr 1897. Es wurde in einer geistig-kulturellen Erneuerungsbewegung, die sich in wandernden Schülervereinen gebildet hatte, gesungen. Ihr Gründer war Hans Breuer. Ab 1901 gab sich diese neue Bewegung den Namen *Wandervogel*. Als hohes Ziel zählten Echtheit und Wahrhaftigkeit. Den Anfeindungen aller Art traten sie mit dem Wahlspruch »Viel Feind, viel Ehr!« entgegen.

Eine 1908 entstandene Liedersammlung wurde im ganzen deutschen Raum begeistert aufgenommen. Sie bekam den Namen *Der Zupfgeigenhansl*. Er sollte, so in der 1. Auflage zu lesen, dem fahrenden Gesellen ein Genosse und guter Wegbegleiter sein.

Unter dem Begriff *blaue Blume* verstand man das Unendliche und Ferne und die damit verbundene Sehnsucht, die in der Tiefe einer Menschenseele so geheimnisvoll blüht und rankt. Diese Blume strahlt aus, dass sie Menschen in ihren Bann ziehen kann. Auch mich bekam sie in ihr fein gesponnenes Netz und ließ mich nie mehr los.

Als Kriegsheimkehrer und verbummelter Habenichts wurde auch ich zum fahrenden Gesellen, den die Folgen des verlorenen Krieges und eine dadurch entstandene Ausweglosigkeit aus der Bahn warfen. So machte ich mich hoffnungsvoll auf die Suche und wanderte aus. Aber auch mir blieb die blaue Blume immer ein unerreichbares Ideal.

Selbst im letzten Urwaldwinkel hielt sie sich verborgen. Wohl spürte ich so manches Mal ihre verführerische Nähe. Aber es blieb nur ein neckisches Versteckspiel, mit dem sie mich narrte. Denn ihren geheimnisvollen Schleier lüftete sie immer erst dann, und das sehr zögerlich, wenn sich die Nacht der Verzweiflung auf meine Seele legte und es um mich so dunkel wurde, dass ich keinen Weg mehr sah. Das war ihre Stunde, in der sie mich wissen ließ: »Dein Suchen wird vergebliche Mühe und ein Haschen nach Wind bleiben.« Aber wie eigenartig, allein diese traurige Erkenntnis bedeutete für mich eine Hilfe. Denn damit nahm sie mir eine Binde von den Augen und zeigte mir die Wirklichkeit dieses Lebens. Ich sah hetzende und sich abmühende Menschen, die mit unbarmherzigem Egoismus und blindem Glauben an das Glück ihre Tage verlebten. Ich sah die Kämpfe dieser Menschen um Macht und Reichtum und auch, dass sich doch eigentlich jeder selbst der Nächste war.

Eingangsseite des *Zupfgeigenhansls*

Die *blaue Blume* machte mich zum Seher. Aber noch einen weiteren guten Dienst tat sie an mir. Sie verschwand nie ohne den aufmunternden Rat:

»Gib trotzdem nicht auf, geh weiter, du bist nur auf dem Weg. Das Ziel liegt immer am Ende. Auch um die dunkelste Wolke leuchtet ein silberner Rand. Wohl deinen Augen verborgen, weil eben tief drinnen, im dunklen Tann des Unsagbaren, da wo der ›Quell aller Sehnsucht liegt nach dem Ganzen und Vollkommenen!‹ (nach Thomas von Aquin).«

Diese Erkenntnis machte mir Mut; so bin ich tapfer weitermarschiert. Dabei habe ich entdeckt, dass am Wegesrand noch andere Blumen blühten, deren Entdeckung mich lebensfroh machte. So fand ich, ebenfalls *tief drinnen* in den Tropenwäldern Südamerikas, eine unscheinbare Kaktee mit dem fürstlichen Namen *Königin der Nacht*.

Auch sie war unfassbar, weil sie wegen so vieler spitziger Stacheln nicht anzufassen war. Doch im Gegensatz zu ihrer *blauen* Schwester tat sie nicht ganz so geheimnisvoll wie diese. Man konnte sie sehen und bewundern. Gemeinsam hatten sie nur, dass sich beide bei Nacht entfalten. Nur dann, wenn am dunklen Firmament das *Kreuz des Südens* aufleuchtete und der heimliche Nachtvogel *Urutaú* seinen klagenden und traurigen Ruf erschallen ließ, öffnete auch sie ihre herrlichen, duftenden Blütenkelche. Als ob sie uns beschämen wollte und zeigen, wie kurzsichtig Menschenaugen doch sind und wie alles Bleibende und Wahre hinter dem Horizont liegen.

Matthias Claudius, der Dichter und Gründer des *Wandsbecker Boten* (Hamburger Lokalzeitung, erschienen 1771), brachte dies in seinem Abendlied »Der Mond ist aufgegangen« so schlicht und treffend zum Ausdruck:

> Seht ihr den Mond dort stehen?
> Er ist nur halb zu sehen
> und ist doch rund und schön.
> So sind wohl manche Sachen,
> die wir getrost belachen,
> weil unsre Augen sie nicht sehen![2]

Das eingangs erwähnte Wandervogellied mag auch die Stimmungslage all derer ausgedrückt haben, die einmal ihre Koffer und Habseligkeiten packten, um die Heimat zu verlassen. Im Gepäck hatten diese Auswanderer nichts als die Hoffnung und den Glauben an das Glück. Ob es ihnen dann auch hold war, konnte ihnen keiner voraussagen.

Zweifellos wehte ihnen in den Ländern der unbegrenzten Möglichkeiten ein frischer Wind entgegen. Und natürlich erfasste so manchen in den unendlichen Weiten der Urwälder und Pampas auch das stolze Bewusstsein, endlich einmal sein eigener Herr zu sein. Ohne neugierige oder böswillige Nachbarn, die einem zum Fenster hereinschauten, ohne kleinbürgerliche Gesetze, Behörden und enge Vorschriften. Selbst das Finanzamt lag in weiter Ferne! Es waren großartige Freiheiten.

Nur hatten auch sie ihre Grenzen. Sie reichten allesamt nicht an das unerreichbare Wahrzeichen der blauen Blume heran. Ich meine damit diese innere Freiheit von Seele und Geist, die Max von Schenkendorf (†1813) so ausdrückte:

Freiheit, die ich meine, die mein Herz erfüllt,
komm mit deinem Scheine – süßes Engelsbild,
magst du dich nicht zeigen der bedrängten Welt,
führest deinen Reigen nur am Sternenzelt.
Max von Schenkendorf

Unerreichbar, so das Los von uns Menschen. Nur unterm Sternenzelt bei den lichten Engelscharen und dort, wo Gott regiert, liegt die wahre Feiheit. Die Sehnsucht danach dürfte wohl keiner Menschenseele fremd sein, die an der Disharmonie unserer Schöpfung leidet. Nur glaube ich, dass derjenige davon in weit stärkerem Maße betroffen wurde, den die Schiffsplanken einmal davongetragen haben. Diesen Betroffenen möchte ich mein Buch widmen. Man darf sie nicht vergessen, auch wenn sie längst in fremder Erde liegen.

1. Was ist Heimat?

… und die Vöglein im Walde,
die sangen so wunder-, wunderschön,
in der Heimat, in der Heimat,
da gibts ein Wiedersehn![3]

So schmetterte es die Militärkapelle durch die Straßen der Garnisonstadt, wenn sie die ins Feld ausrückenden Kompanien zum Verladebahnhof begleitete. Und auch im Jahrhundert zuvor sangen die fahrenden Auswanderer:

Auf dem Bachstrom hängen Weiden,
in den Tälern liegt der Schnee;
trautes Kind, daß ich muß scheiden,
muß nun unsre Heimat meiden,
tief im Herzen tut mirs weh.[4]

Das Weh um Heimat ist ein rätselhafter Zustand. Aber wo ist sie denn, diese Heimat, wo muss ich sie suchen? Gibt es doch dafür eine Unmenge von Abhandlungen, Erklärungen und Gedanken. Ist Heimat der Ort, »wo meine Wiege stand«? Finde ich sie in alten Bräuchen und in ehrwürdigen Traditionen?

Gerade in unserer Zeit finden landauf, landab großartige Heimatfeste und Folkloreveranstaltungen statt. Städte bis hin zum kleinsten Dorf laufen sich geradezu den Rang ab. Sie rufen zu Volkstumspflege und Neuentdeckung verlorener Werte auf. Mit prächtigen Trachtenumzügen soll neues Leben aus unserer Wohlstandsgesellschaft erblühen. Aber damit allein ist – so meine ich – keine Heimat zu schaffen. Es reicht nicht aus, denn Heimat ist viel mehr. Heimat ist eine Gemütsbewegung, eine tiefgründige Verbundenheit mit etwas Unaussprechlichem. Vielleicht ist es erklärbar mit dem Wort Geborgenheit.

Der Besuch auf dem Lande.

Holzstich nach Zeichnung von Ludwig Richter, 1861

Daheim zu sein, ist wie eine Ruhebank für die Seele. Es ist vergleichbar mit einer warmen Stube in einer kalten und oft erbarmungslosen Welt. Das Daheimsein ist nicht einfach machbar, auch nicht mit zauberhaften Feuerwerken und bunten Kulturnächten. Wenn Heimatfeste mit dem Slogan werben: »Kultur schafft Heimat!«, dann überzeugt mich das nicht. Denn welche der zahlreichen Weltkulturen ist damit gemeint? Sie sind doch, bei allem Respekt, so unterschiedlich wie Tag und Nacht. Deswegen kann nur diese Art von Kultur die Seele berühren, die auf dem Boden meiner Heimat gewachsen ist. Also nicht »Kultur schafft Heimat!«, sondern »Heimat schafft Kultur!«

In unserem deutschen Wort Heimat liegt eine Einmaligkeit. Es ist nämlich in keine andere Sprache zu übersetzen. Sein Wortstamm liegt dem althochdeutschen *heimōti* zugrunde, was so viel bedeutet wie Gut, Anwesen, Grundbesitz.

Gemeint war damit aber nicht nur ein materieller Besitz oder eine Örtlichkeit, die einem gehörte. Es waren damit auch die Menschen gemeint, zu denen man gehörte, die Angehörigen. Mit ihnen teilte man das Leben, an ihnen hing man, sie liebte man. Dieser Zusammenhalt schenkte Geborgenheit und Sicherheit, sodass man bei ihnen daheimbleiben wollte.

Dieser Wert eines *Daheimseins* ist ein unschätzbares Gut. Es wiegt zentnerschwer bei der Entfaltung unserer Persönlichkeit. Seine Tragik liegt allerdings darin, dass man seinen Wert immer erst dann zur Kenntnis nimmt, wenn es zu spät ist. Das heißt, wenn man dieses *Daheimsein* verloren hat. Wie wäre sonst der eigenartige Zustand des Heimwehs zu erklären? Denn Heimweh ist eine Krankheit der Seele. Wenn diese einen bestimmten Grad erreicht oder gar überschritten hat, wird sie zur Lebensgefahr.

Ein Charakteristikum des Heimwehs zeigt sich darin, dass es den davon Befallenen mit aller Macht in die Vergangenheit zurückzieht. Seine Gedanken kreisen unentwegt und nur noch um den Ort, von dem er herkam, und um die Zeit, »wie's daheim einst war!« (Volkslied).

Jetzt sucht der so *heimgesuchte* Mensch nach einem Weg zurück, nach einer Brücke, die in das Land seiner Sehnsucht hinüberführt. Und die gibt es. Wohl ist sie so eng und schwankend wie eine Hängebrücke im tiefsten Urwald. Aber sie reicht trotzdem bis ans andere Ufer hinüber. Es sind die Lieder, die dieser Mensch einmal mitgenommen und treu bewahrt hat. Sie allein sind ihm geblieben, selbst wenn alles andere verloren ging.

2. Das Lied der Heimat

Ein mongolisches Sprichwort sagt: »Für den einsamen Wanderer ist selbst das Lied ein Gefährte!«
Und der Dichter Robert Schumann erkannte:

Von Heimat soll keiner reden,
der nicht aus der Heimat schied.
Um Heimat soll keiner beten,
dem die Heimat nicht schwand ins Lied.[5]

Auch mich hat dieses Lied viele Jahre im fremden Argentinien und Paraguay treu begleitet und nie im Stich gelassen. Ich habe es immer gesungen. Ob allein im Amts- oder Schlafzimmer, ob unter dem windschiefen Dach unserer Bretterkirchen, im Chor einer Kathedrale oder unter schattigen Urwaldbäumen. Das Lied der Heimat! Immer, wenn ich mein Akkordeon aus dem zerbeulten Koffer zog, waren sofort auch Mitsänger zur Stelle, die froh mit einstimmten. Wir sangen und sangen und wollten nicht mehr aufhören, denn plötzlich roch alles nach Heimat. Oh, wie der Gesang befreien kann. Er wischt sozusagen den Staub von der Seele.

Eine Glanzleistung der argentinischen Literatur ist das Gaucho-Epos »Der Gaucho Martin Fierro«. In alle Kultursprachen übersetzt, beginnt es mit den Worten:

»Alte und Neue Volkslieder«
(Federzeichnung zum Titelbild
von Ludwig Richter)

Illustration von Carlos Alonso zu José Hernàndez' »Der Gaucho Martin Fierro«.

Jetzt fange ich an zu singen
so wie ein einsamer Vogel,
denn mit dem Singen tröstet man sich![6]

So ist es. Ob Volks- oder Heimatlied, ob Kirchen-, Küchen- oder Soldatenlied.

Nur frisch, nur frisch gesungen!
Und alles wird wieder gut.
Adalbert von Chamisso

Ja, alles war gut, wenn auch nur für ein kurzes Weilchen. Denn Lieder sind nicht nur eine Brücke zur Heimat sondern auch großartige Therapeuten und Beichtväter. Sie können die heimlichsten

Gedanken zur Sprache bringen. Gedanken, die man sonst keiner Menschenseele anvertrauen möchte.

Ich sehe auch hier einen Grund, warum Soldaten selbst in den schwersten Kriegsjahren so oft und so viel gesungen haben. Sie sangen weder aus Übermut noch aus parteipolitischem Fanatismus. Nein, unser Singen war viel eher der Schrei nach einer heilen, aber doch so fernen Welt: »Heimat, deine Sterne, die strahlen mir auch am fernen Ort!« Man sang sich den Frust von der Seele:

Möcht' im Stillen heiße Tränen weinen,
wenn ich an die Abschiedsstunde denk'![7]

Man sang von der Liebsten und vom Wiedersehen, dann: »Wenn übers Jahr die Rosen blühn – und alles ist vorbei!«

So war auch die Stimmungslage vieler Auswanderer. Deswegen habe ich versucht, ihre Geschichten mit einem Lied ihrer Heimat zu verknüpfen. Gerade in diesen Tagen erreichte mich ein Brief aus Paraguay. Der Absender gehört bereits zur zweiten oder gar dritten Auswanderergeneration. Er schreibt:

Wir haben auch noch einen Chor.
Solange das deutsche Lied erklingt,
ist in unseren Herzen noch die Verbindung
mit dem Mutterland erhalten.
Ich grüße Sie aus weiter Ferne!
Ihr dankbarer H. F. und Familie

Dies ist kein Abklatsch aus vergangener Küchenlieder-Epoche, deswegen lache auch keiner darüber. Es ist vielmehr dieses heimliche Verlangen nach etwas Entschwundenem, das man verloren hat.

Für mich war dieser Brief mehr als ein Gruß aus vergangenen Tagen. Er war auch Anlass, dass mich, inmitten des schönen Schwabenlandes, das Heimweh packte. Wohl nicht nach den blumigen Landschaften Südamerikas, wie sie in der Touristenwerbung zu bewundern sind. Nein, es war das Heimweh nach diesen Menschen mit ihrer natürlichen und geradlinigen Art.

Schwäbische Großfamilie singt im Urwald

»Im schönsten Wiesengrunde«, »Am Brunnen vor dem Tore!«, »Der Holderstrauch«, »Ach wie ist's möglich dann« oder »Auf jenem Berge möchte ich wohnen, auf jenem Berge möchte ich sein.«

Als ich 1977 meine Gemeinde Hohenau in Paraguay verließ, fasste ich »all mein Gedanken, die ich hab« zusammen in einem Lied, das ich dort zum Andenken zurückgelassen habe. Seine letzte Strophe:

Drum, ihr Brüder, reichet euch die Hand,
Heimat war's, das uns verband,
treu Gedenken sei das Losungswort,
mög' es dauern immerfort[8]

Dass es in diesem Sinne nicht nur verstanden sondern auch treu bewahrt blieb, bestätigte kürzlich der Wunsch eines Sterbenden, dieses Lied bei seiner Beerdigung zu singen.

Es ist sehr bedauerlich, dass unsere moderne Zeit das Volkslied zu einem Exoten herabgewürdigt hat. Es geht verloren, man hört es immer seltener und hat nicht beachtet, dass damit auch der Geist eines Volkes verloren geht. Darum singe ich auch heute noch, wenn auch mit etwas zitteriger Stimme. Denn:

Wer dem Volk sein Lied, das entschwindende, wiedergibt, gibt ihm seine Seele wieder.

Peter Rosegger

3. Immer muss geschieden sein ...

Der älteren Generation mag noch das Volkslied aus dem 19. Jahrhundert bekannt sein:

> Nun ade, du mein lieb Heimatland,
> lieb Heimatland, ade,
> es geht jetzt fort zum fremden Strand,
> lieb Heimatland, ade.
> Und so sing ich denn mit frohem Mut,
> Wie man singet, wenn man wandern tut,
> lieb Heimatland, ade![9]

Gerade dieses Lied ist mir in Südamerika immer wieder begegnet.

Ich erzähle von Menschen, die mir noch in Erinnerung geblieben sind, viele habe ich vergessen. Ich weiß sehr wohl, dass es eigentlich über jedes Auswandererschicksal ein Buch zu schreiben gäbe, es kämen die unglaublichsten Geschichten zustande.

Wenn ich dabei mit meiner eigenen Geschichte beginne, dann nicht, um mich als besonders herausragenden Fall ins Rampenlicht zu stellen. Ich möchte den Leser nur wissen lassen, dass hier ein Betroffener spricht. Man findet mich nicht in den Reihen fantasiebegabter Romanschreiber. Wenn der Schlager behauptet, »Abschied ist ein scharfes Schwert«, dann muss man von diesem Schwert getroffen worden sein, sonst bleibt der Bericht unglaubwürdig.

Über die Auswanderung selbst sollte man wissen, dass das Sprichwort »Den Letzten beißen die Hunde!« in diesem Falle nicht zutrifft. Hier muss es besser heißen: »Den Ersten beißen die Hunde!« Denn für alle früheren Auswanderergenerationen galt der Grundsatz:

Die Erste hat den Tod,
die Zweite die Not,
die Dritte das Brot.

Nun leb wohl, du kleine Gaſſe.

Nun leb wohl, du kleine Gaſſe,
Nun ade, du ſtilles Dach!
Vater, Mutter ſahn mir traurig
Und die Liebſte ſah mir nach.

Hier in weiter, weiter Ferne,
Wie's mich nach der Heimat
zieht!
Luſtig ſingen die Geſellen,
Doch es iſt ein falſches Lied.

Andre Städtchen kommen freilich, Andre Städtchen, andre Mädchen,
Andre Mädchen zu Geſicht; Ich da mitten drin ſo ſtumm!
Ach, wohl ſind es andre Mädchen, Andre Mädchen, andre Städtchen,
Doch die eine iſt es nicht. O wie gerne kehrt' ich um!

Für den Lahrer Hinkenden Boten gezeichnet von Erdmann Wagner.
❖ Vierfarbenbuchdruck von Moriß Schauenburg, Lahr (Baden). ❖

Zeichnung von Erdmann Wagner

24

Also drei Kategorien! Ich landete bereits in der *notvollen* zweiten. Das heißt, dass ich bereits mehr oder weniger menschenwürdige Verhältnisse antraf. Aber sie genügten, um mich tüchtig durcheinanderzuschütteln, sodass mir manches Mal die Luft ausging. Der Sensenmann, ich nenne ihn den Kapellmeister der ersten Generation, streifte mich dabei hautnah. Meine arme Seele sah des Öfteren ihr letztes Stündlein gekommen. Aber es blieben nur die Narben.

4. Meine Auswanderung

Wenn Anfang der Dreißigerjahre in der Grundschule von Gablenberg, einem Stuttgarter Vorort, der alte Lehrer seine Geige aus dem wurmstichigen Schrank holte und die Saiten stimmte, schlug das Herz des kleinen Fritz um einige Schläge höher. Die Schiefertafel mitsamt dem Griffel wurde ins Fach der abgenutzten, mit Tintenflecken bekleckerten Holzbank geschoben, denn jetzt war sein Lieblingsfach, das Singen, angesagt. Unüberhörbar war seine Stimme aus dem Chor der Mitschüler herauszuhören. Nimmermehr hat er später diese Lieder vergessen. »Ich hab mich ergeben mit Herz und mit Hand« – »Droben stehet die Kapelle« – »Ich hatt einen Kameraden« – »Nun ade, du mein lieb Heimatland«, um nur einige zu nennen.

Diese Lieder haben mich ein Leben lang wie gute Freunde begleitet. Sie haben mich mitgeprägt und ließen mich nie vergessen, dass die Liebe zu Heimat und Vaterland ein teures Gut ist. Aber irgendwie hat dieses »lieb Heimatland, ade« in mir schon damals Saiten zum Klingen gebracht, die man als das Erbe der Väter bezeichnen könnte. Waren doch unter meinen Vorfahren, sowohl von mütterlicher als auch von väterlicher Seite, Auswanderer, die es nach Südamerika (Paraguay, Argentinien, Brasilien) und Palästina zog.

Der Anlass zu meinem Entschluss aber war das Angebot eines Onkels, der in Nordargentinien eine Farm betrieb. Auch er wurde seines erlernten Kaufmannsberufs überdrüssig und verließ noch vor dem Ersten Weltkrieg die Heimat. So wie allen *Kopfarbeitern* blieb ihm nur der Weg in die Landwirtschaft, obwohl er davon keine Ahnung hatte. Sein Angebot an mich bestand in Mitarbeit und Beteiligung am Gewinn seiner Ranch.

Am 1. Mai 1951 reichte ich meinen bejahrten Eltern zum Abschied die Hand. Wir wussten, dass es ein Abschied für immer war. Deswegen sah man sich nicht in die Augen. Da hätte man bei mir Tränen sehen können. Und das wäre nach dem pädagogischen Grundsatz der damaligen Zeit, »ein Junge weint nicht«, pure Schwachheit gewesen. Aus demselben Grunde hatten die Eltern auch *Bahnhofsverbot*. So standen nur die Geschwister auf dem Bahnsteig und winkten uns nach.

Das letzte Lebewohl!

Sieben Kisten mit all unserem Hab und Gut reisten im Gepäckwagen mit. Es waren alte, zum Teil eisenbeschlagene und schon wurmstichige Truhen, die uns einige Bauern von ihrem Dachboden geholt hatten. Sie waren die Überbleibsel einer Zeit, zu der es noch Knechte oder Mägde auf den Höfen gab, die darin bei einem Stellenwechsel ihre wenigen Habseligkeiten einpackten. Einige Kisten musste ich vorher noch mit Leisten und Brettern verstärken, weil sie sonst die Verladung aufs Schiff wohl nicht überstanden hätten.

Als der Schnellzug nach Hamburg den Bahnhof verließ und am Rande der Ulmer Oststadt (unser ehemaliges Bubenrevier) langsam über die Brücke an der Goldochsen-Brauerei dahintuckerte, sah ich unten an der Straße ein Grüppchen Menschen, die uns mit

ihren Taschentüchern heftig zuwink-
ten. Da wurde mir dann doch ganz
weh ums Herz. Es war die Wirtin unserer Kneipe mit einigen Stammgästen.
Sie hatte den Ausschank zur Abfahrtszeit einfach kurz geschlossen, um uns
ein Lebewohl nachzuwinken. In dem
heimeligen *Wirtschäftle* hatte es auch
während der Nachkriegs-Hungerjah-
re 1945–1948 immer etwas zu Essen
gegeben. Und wenn's auch nur das
sogenannte Stammgericht war: Kartoffeln und Gemüse oder vielleicht

Vorsicht am Bahnsteig!
Zug fährt ab

auch einen *Kaminfeger* (Bratkartoffeln mit etwas Blutwurst).

Abschied! Der einzige Trost war meine junge Frau, die neben mir
saß. Aus den Augenwinkeln bemerkte ich auch bei ihr einen etwas
verdunkelnden Blick, mit dem sie aus dem Zugfenster in die immer
schneller vorbeieilende Landschaft unserer Heimat starrte. Ich war
nicht allein. Wohl hatten mir so manche Schulmeister wegen meiner
schlechten Zeugnisnoten eine düstere Zukunft vorausgesagt. Aber
so dumm war ich wiederum auch nicht, dass ich mir nicht den Rat
des schlesischen Romantikers (Joseph von Eichendorff) zu Herzen
genommen hätte:

Wer in die Fremde will wandern,
der muß mit der Liebsten gehen,
es jubeln und lassen die andern
den Fremden alleine stehn![10]

Hamburg

Hell und zuversichtlich strahlte die Frühlingssonne über dem Himmel von Hamburg, als der Schaffner mit dem Ruf »Reise, Reise!«

durch die Zugwagen eilte und dadurch die baldige Ankunft am Zielort bekannt gab. Aber als wir in die Bahnhofshalle einfuhren, lief es mir doch eiskalt über den Rücken. Blitzartig kam die Erinnerung hoch. Waren doch erst acht Jahre seit jenem Feuersturm vergangen, als Hamburg von den alliierten Bomberkommandos in Schutt und Asche gelegt worden war. Mitten im Zentrum des damaligen Angriffs war unsere militärische Einheit gelegen. Wir hatten drei Tage nur Rauch und Ruß, aber keine Sonne mehr gesehen. Die Zahl der Toten wurde auf 30 000 geschätzt.

Doch jetzt hieß unser Ziel Finkenwerder, ein Vorort von Hamburg. Er liegt am Zusammenfluss der Norder- und Süderelbe und war ein ehemaliges Fischerdorf. Im Lauf der Jahre hatte es sich in ein Industriegebiet mit ausgedehnten Hafenanlagen und Werften verwandelt. Aber ebenso wie früher blieb es Anlaufstation und Startloch für viele Auswanderer.

Die Diakonie und Seemannsmission der evangelischen Kirche unterhielt ein Barackenlager, in dem die zahlreich anreisenden Familien bis zur Ausreise eine Unterkunft finden konnten. Alles war noch kriegsmäßig sehr einfach, aber sauber und ordentlich. Man schlief in Gemeinschaftssälen, aß Eintopf und wurde auch betreut und beraten. Denn ständig fehlten beim einen oder anderen noch Papiere oder ein notwendiger Stempel im Reisepass. Ein Pfarrer war auch für die Betreuung der Reisenden zuständig, er hielt Andachten und Gottesdienste.

Wie dankbar wurde gerade dieser Dienst wahrgenommen. Da sich das Auslaufen unseres Schiffes um einige Tage verzögerte, blieb uns viel Zeit für Spaziergänge. Sie endeten meist im Ufergras der Elbe. Dort saßen wir und schauten den Schiffen nach, die mit einem zeitweiligen dumpfen Tuten Abschied nahmen. Um uns herum flatterten kreischende, hungrige Möwenscharen und schon kamen auch mir alle möglichen Lieder angeflogen. »Wo die Nordseewellen«, »Möwe, du fliegst in die Heimat«, »Ein Schifflein sah ich fahren« oder gar das Stammlied meines ehemaligen Hauptfeldwebels im

Krieg: »Schwer mit den Schätzen des Orients beladen, ziehet ein Schifflein am Horizont dahin«.

Ja, sie zogen dahin, die Elbe abwärts. Aber jetzt nahmen sie keine Träume mit, sondern sollten mich selbst davontragen. Dorthin, wo das *Kreuz des Südens* am Himmel leuchtet und wo der Mond auf dem Kopf steht.

Die Überfahrt

Unser argentinisches Schiff trug den Namen *Yapeyu*. Es war ein 10 000-Tonner und kam direkt aus einer holländischen Werft. Wir machten also eine sogenannte Jungfernfahrt. Alles war nagelneu, vom Essbesteck bis zum Bettlaken und WC-Deckel.

Da wir das Reisegeld für die Passagen vom Onkel geliehen bekommen hatten und es später zurückzahlen mussten, hatten wir natürlich die billigsten Plätze gewählt. Dies waren 6er-Kabinen im Unterdeck, nach Geschlechtern getrennt, mit zweistöckigen Bettklappen.

Dazu weit vorne im Schiffsbug, wo es bekanntlich am heftigsten schaukelt.

Mit ungefähr 350 deutschen Auswanderern war das Schiff nur zur Hälfte belegt. Aber man teilte uns mit, dass in Spanien die andere Hälfte zusteigen würde, sodass das Schiff auf den letzten Platz belegt sein würde.

Dann kam die Abfahrt. Als die Leinen gelöst wurden, spielte die Schiffskapelle zu meiner Enttäuschung: »Auf Wiedersehn!« Viel lieber wäre mir das traditionelle »Muss i denn« gewesen. Aber vielleicht hätte dann auch ich angefangen zu weinen, wie es nicht wenige taten. Dies betraf sowohl die Reisenden als auch die Zurückbleibenden, die am Kai standen. Man schwenkte die Taschentücher, bis man sich nicht mehr sah.

Viele standen an der Reling und starrten auch weiterhin zurück. Aber plötzlich ertönte die Schiffsglocke und rief zum Essen. Im funkelnden Speisesaal bekam jeder seinen Platz zugewiesen und mir gingen die Augen über. Denn auf den Tischen standen nicht nur Blumen und Gedecke, sondern auch große Edelstahlkannen mit Rotwein. »Man kann davon trinken, so viel man will«, war zu hören. Was war das für eine Botschaft für unsere in den Kriegsjahren doch sehr verkümmerten Ansprüche! Wunderbar! Es war wie ein Symbol, wie ein Empfangsgruß dieses großen und reichen Landes Argentinien. So bekam nach einem gehörigen Schluck aus der Kanne auch das Leben wieder neu Farbe. Und als dann noch riesige Fleischportionen serviert wurden, war auch dem Letzten klar: »Wir sind auf dem direkten Weg ins Schlaraffenland.«

Man interessierte sich natürlich auch für seine Kabinengenossen, mit denen man 20 Tage zusammenleben sollte, und des Erzählens war kein Ende.

Hier das ältere, kinderlose Ehepaar aus Sachsen: Ihre kleine Schuhfabrik hatten sie im Krieg verloren. Da machte ihnen ein begüterter Neffe aus Buenos Aires das Angebot zur Auswanderung. Sie sagten zu, nachdem das Angebot die bezahlte Schiffsreise, ein extra für sie gebautes Haus sowie die Absicherung im Alter umfasste. Alle Achtung! Schon für die Überreise hatten sie so viel Geld überwiesen bekommen, dass sie sich des Öfteren einen *Drink* an der Schiffsbar leisten konnten. Einmal wurde auch ich dazu eingeladen.

Ein weiterer Kabineninsasse war ein Architekt mittleren Alters aus dem norddeutschen Raum. Er reiste mit Frau und Kindern ins Ungewisse, weil er unbedingt einem weiteren Weltkrieg entgehen wollte, den er mit Sicherheit kommen sah.

Und da war der Klempnergeselle aus Mannheim, der ebenfalls aufs Geratewohl losgefahren war. Es stellte sich dann heraus, dass irgendeine Frauengeschichte dahintersteckte. Stolz lächelnd zeigte er mir sein in Russland erworbenes Eisernes Kreuz. So als ob er damit sagen wollte: »Siehste, wir waren auch mal wer!« Er hatte es verliehen bekommen, weil er nach einem Angriff der Russen nochmals aus freien Stücken in die verlassene Stellung zurückgerannt war und dabei einen der Panzer im Nahkampf mit der Panzerfaust vernichtet hatte. Wir passten zusammen.

Vieles erzählte man sich auf der langen Reise, weil man sich einfach verstand. Es war die Solidarität einer gebeutelten Generation. Vielleicht vergleichbar mit Wohnsitzlosen unter der Brücke. Jetzt saß man sprichwörtlich im gleichen Boot. Die ersten Reisetage auf See verliefen angenehm ruhig. Dass es in der Nordsee und im Ärmelkanal etwas mehr zu schaukeln begann, war verständlich. Als wir die Nordküste Frankreichs, die Normandie, passierten, grüßte ich im Stillen meinen dort gefallenen Bruder. Er war bei der Invasion 1944 gefallen und liegt auf einem Kriegsgräber-Friedhof. Auch er blieb zurück. Dann tönte es bald darauf aus dem Lautsprecher: »Wir münden jetzt in den Golf von Biskaya ein.« Schon begann es in meinem Hinterkopf zu trällern: »Am Golf von Biskaya ein Mägdelein stand, ein blonder Matrose hielt sie bei der Hand.« Ach, dieser schmalzige Schunkelwalzer, wie oft hatten wir uns in fröhlichem Tanze dabei gedreht. Die Dreherei ging weiter, nur auf eine völlig andere Art. Einer der berüchtigten Biskaya-Stürme kam auf, das Schiff hob und senkte sich so heftig, dass es regelrecht in den heranrollenden Wellen und Tälern verschwand. Jetzt brach das Chaos aus. Wer durch den Gang ging, wurde von einer Seite zur anderen geworfen. Man schleppte halbe Leichen ins Krankenrevier. Was gegessen worden war, kam unter Würgen und Schütteln wieder heraus. Wer sich nicht festhielt, rutschte im Erbrochenen aus. Im Speisesaal saßen noch fünf Personen. Dafür feierten die das Schiff begleitenden Fischschwärme wahre Orgien, wenn die Küchenmannschaften die vollen Kübel von nicht gegessenen Menüs ins Meer kippten.

Viel stärker als mich packte die Seekrankheit meine Frau Marianne. Stöhnend lag sie auf ihrer Pritsche, bis ich auch sie zum Arzt schleppen musste. Die Seekranken bekamen eine Spritze und die beruhigende Mitteilung, dass bestimmt auch dieses Übel vorübergehen würde. Man fasste wieder Mut! Hatten uns doch solche Beruhigungspillen schon während des Krieges die damaligen

Spaßmacher der Nation zwischen die Zähne geschoben: »Es geht alles vorüber, es geht alles vorbei, nach jedem Dezember folgt wieder ein Mai!« Und siehe da, nach zwei Tagen ging auch dieser Sturm vorbei. Langsam wagten sich die ersten Passagiere wieder aufs Deck. Man steuerte den Hafen von Bilbao an.

Auf der Gangway

Schon aus der Ferne waren größere Ansammlungen von Menschen und Kisten am überfüllten Kai wahrzunehmen. Es waren die erwarteten Scharen spanischer Auswanderer. Die meisten ärmlich gekleidet, aus den letzten Bergdörfern herangekarrt, machten sie auf uns einen äußerst armseligen Eindruck. Als sie dann ihr Hab und Gut an Bord schleppten – wurmstichige Kommoden, Nähmaschinen vom letzten Jahrhundert, vollgestopfte Säcke und durchgelegene Matratzen –, da schüttelten wir die Köpfe. So eine Armut! Dabei hatten doch wir den Krieg verloren. Es war nicht zu glauben. Als dann ganze Kinderscharen ans Schiff gerannt kamen, uns die Hände entgegenstreckten und »pan, pan« (Brot, Brot) schrien, bevor sie von

Polizisten immer wieder weggejagt wurden, wurde uns klar, dass es uns doch schon wieder recht gut ging.

Ab Bilbao war es mit der Ruhe auf dem Schiff dahin. Die neuen Passagiere saßen, standen und ihre vielen Kinder rannten immer und überall auf allen Decks herum. Plötzlich funktionierten die überdrehten Wasserhähne in den gemeinsamen Waschräumen nicht mehr, die Wasserspülungen in den Toiletten liefen über und manchmal waren die Hinterlassenschaften neben dem entsprechenden Sitz zu finden, während man das dafür vorgesehene Becken wohl für eine Waschschüssel hielt.

Dies teilten uns die entsetzten Stewards hinter vorgehaltener Hand mit. Dieses arme Volk kannte solche sanitären Einrichtungen eben nicht.

Auf der Reise liefen wir noch Portugal und die Kanarischen Inseln an. Dann kam nach langen Tagen auf See endlich am Horizont die Küste Südamerikas in Sicht. Aber schon vorher meldeten allerlei uns umkreisende Vogelscharen die Nähe des Festlandes an.

Als wir in die Bucht von Rio de Janeiro einfuhren und der berühmte Zuckerhut aus dem Nebel auftauchte, hörte ich im Kopf wieder die dunkle Stimme von Zarah Leander mit diesem unvergesslichen Schlager: »Stern von Rio« und gleich rasselten auch die Klappern zu den Sambaschritten: »Am Zuckerhut am Zuckerhut, da geht's den Senioritas gut.« Jetzt sahen wir das alles mit eigenen Augen. Die Christusstatue schien uns hoch oben vom Berg mit geöffneten Armen zu empfangen. Aber noch etwas sahen wir, als wir beim Landgang brasilianischen Boden betraten. An jeder Straßenecke wurden meterlange goldgelbe Bananenstauden zu einem Spottpreis angeboten. Es war wunderbar. Wie lange hatten wir während des Krieges diese Goldfrucht nicht mehr zu Gesicht und noch weniger in die Hand bekommen. In der Nachkriegszeit gab es sie wieder, aber recht teuer. Jetzt schlug die Stunde der Banane. Als die Landgänger aufs Schiff zurückkehrten, schleppten sie ausnahmslos Bananenstauden mit sich. Dann ging die Reise weiter. Schon nach drei Tagen lief das Schiff den nächsten Hafen, Santos, an. Dies sei, so wurde uns erklärt, der größte Bananen-Umschlagplatz von Brasilien. Wir konnten uns darunter nichts vorstellen, bis wir beim Landgang vor riesigen offenen, überdachten Hallen standen, die mit wahren Bananenbergen angefüllt waren. War das die Möglichkeit! Und dazu nur halb so teuer wie in Rio! Eine einmalige Gelegenheit. Und wieder schüttelten die Brasilianer ungläubig oder auch fragend ihre Köpfe beim Anblick der europäischen Bananenkäufer. Wie dieses Bananenabenteuer dann ein Ende fand? Es verging nur noch ein Reisetag, dann sah man viele Bananen über Bord fliegen. Man konnte sie nicht mehr sehen und nicht einmal mehr riechen. Auch mich muss eine Art von »Bananenvergiftung« gepackt haben, denn seit diesem Tag mag ich keine Bananen mehr.

In Santos war ich über einen Friedhof geschlendert. Hier spürte und roch ich zum ersten Mal die beängstigende Fremde und die schockierende Andersartigkeit einer anderen Welt. Auf den Gräbern standen Kuchen, aber auch Teller mit Fleischgerichten, die sich durch die Hitze bereits in stinkender Auflösung befanden. Auf Kindergräbern lagen Schokolade und Bonbons und über diesem schwülheißen Szenarium schwärmten Wolken von Fliegen. Es lag auf der Hand, dass in diesem Eldorado auch die Ratten eine sichere Heimstatt hatten.

Aber schließlich ging auch diese Reise einmal zu Ende. Plötzlich war auf dem Schiff eine unerklärliche Nervosität und Unruhe unter den Passagieren und der Besatzung zu spüren. Gepackte Koffer standen auf den Gängen, letzte Abschiedsdrinks an der Bar wurden gekippt, die Höhe der Trinkgelder besprochen und die Stewards rollten die Bodenteppiche ein. In Montevideo (Uruguay), der letzten Station vor dem Ziel, kamen die argentinischen Beamten der Einwanderungsbehörde an Bord. Wer nach langem, ermüdendem Schlangestehen seine Stempel im Pass hatte, konnte, an die Reling gelehnt, die sich langsam aus dem Morgendunst herauslösenden Silhouetten von Hochhäusern, Kaianlagen, Lagerhäusern und Schiffsmasten einer Millionenstadt mit ihrem Hafen, die langsam auf ihn zukamen, bestaunen.

Buenos Aires, die *Stadt der guten Lüfte*. Es wäre aber verkehrt, dabei an eine Oase mit besonders guten klimatischen Verhältnissen zu denken. Das Gegenteil ist der Fall, denn es gibt kaum einen Ort in Argentinien, wo die Luft noch schlechter wäre. Es ist der Rauch seiner Tausenden von Schloten und der Benzinqualm Zehntausender Autos, die die Luft verpesten. Das spanische Wort *aire* bedeutet nicht nur Luft, sondern auch eine Art von Zustand und Beschaffenheit.

Die ersten spanischen Seefahrer hatten der so günstig gelegenen Bucht diesen Namen gegeben, weil man in ihr *auf gute Art* mit dem Schiff anlegen und ankern konnte.

Die Ankunft

Bei der Einfahrt konnte man schon von Weitem große Menschenansammlungen wahrnehmen, die Taschentücher, Erkennungstafeln und Hüte schwenkten. Bald schon hörte man auch die Begrüßungs- und Erkennungsschreie. Wir wurden von meinen Vettern abgeholt. Am darauffolgenden Tag galt es dann, das Großgepäck, in meinem Falle die sieben Kisten, aus den riesigen Zollschuppen abzuholen. Aber zuvor gab es ein stundenlanges Warten in der Schlange, denn alles Gepäck wurde geöffnet und von den Zollbeamten kontrolliert. Zuerst wurde der Pass verlangt. Hier erhielt ich bereits meine erste Lektion in Sachen *Südamerika*. Es galt, unauffällig einen Geldschein in den Pass zu legen und abzuwarten, wie der Beamte darauf reagierte. War er mit der Höhe des Scheins zufrieden, verschwand dieser blitzschnell in seiner Tasche. Schien ihm der Betrag aber zu gering, wurde der Pass mit einem bedauernden Kopfschütteln zurückgegeben. Also nachlegen! Sollte man aber auf die Idee kommen, sich deswegen bei einem Vorgesetzen der Zollbehörde über die Bestechung zu beschweren, wird's gefährlich. Der Vorgesetzte kommt diensteifrig

Weltstadt Buenos Aires

und eilig angerannt, stellt den Untergebenen mit scharfen Worten zur Rede und dieser gibt dann auch sofort klein bei. Aber auf dem Fuße folgt seine Rache. Und Gnade Gott dem Opfer. Der Ankömmling bekommt Zollgebühren aufgebrummt (natürlich korrekt und nach den gesetzlichen Vorschriften), dass ihm Hören und Sehen vergeht.

Es wurde mir später berichtet, dass ein Zollbeamter in dieser Stellung nach einem Jahr so viel Kapital zusammengerafft habe, dass er lebenslang abgesichert sei. Dass er seinen Job verliert, konnte zu jeder Zeit blitzartig mit dem nächsten Regierungswechsel vorkommen.

Bei uns klappte die Abfertigung reibungslos. Da Argentinien im Gegensatz zu Brasilien immer sehr deutschfreundlich war, kam bei der Kontrolle spürbar die Sympathie des Beamten hervor. Dazu genügte schon, dass man Kriegsgegner der USA gewesen war und damit auch Feind der Engländer, die 1832 dem Land Argentinien die Falklandinseln abgenommen hatten.

»Ihr Deutschen habt eben Pech gehabt«, meinte der Beamte bedauernd und damit war die Kontrolle auch schon beendet. Als er beim Öffnen einer Kiste Hirsch- und Rehgeweihe sah, schüttelte er ungläubig den Kopf, als wollte er sagen: »Diese Deutschen, so altes Zeug schleppen sie mit!« Dabei hatte ich diese Staubfänger von meinen kümmerlichen Ersparnissen gekauft, um auch im heißen Tropenland immer ein Stück deutschen Wald im Zimmer zu haben.

Noch ungläubiger schüttelte der Beamte den Kopf, als er hörte, dass unser Ziel der Chaco sei. Diese weit im Norden liegende

Provinz, in der es neben einer unbarmherzigen Hitze nur noch viele Schlangen, Heuschrecken und Moskitos gab. Beim Anblick meines Luftgewehrs fragte er lachend, »ob ich damit die Indianer totschießen will!« Mit einem Händedruck und den besten Wünschen für die Zukunft verabschiedeten wir uns. Die Kisten brachten wir gleich zum Bahnhof Retiro und gaben sie als Frachtgut auf. Ob wir sie wohl je wiedersehen würden?

Am Ziel

Da der Zug in den Chaco nur zweimal pro Woche fuhr, blieben wir einige Tage in Buenos Aires. Was war das für eine Welt! Wir kamen aus dem Staunen nicht heraus. Diese unendlich langen Straßen, schachbrettartig angelegt. Dieses scheinbar unkontrollierbare Gewimmel von Fahrzeugen aller nur erdenklichen Art und jeden Alters. Dazwischen schrill quietschende, rumpelnde Straßenbahnen, auf die Passagiere während der Fahrt auf- und absprangen. Eingeklemmte Pferdefuhrwerke mit Müll oder Altpapier, unvorstellbare Manöver der Taxis, oft nur im Millimeterabstand nebeneinanderher rasend. Und über allem lag dieser Geruch von öligem Bratendunst aus Hunderten von Lokalen, die beinahe an jeder Ecke ihre *empanadas* (Fleischkrapfen) im schwimmenden Fett herausbackten. Auf rußgeschwärzten Rosten brutzelten Würste und auch die leckere *Pizza Italiana* lockte den Straßenpassanten zu einer Esspause.

Beim Anblick des Mülls, der vor den Häusern und Geschäften seinen Gestank verbreitete, standen uns die Haare zu Berge. Da standen volle Säcke, überquellende Kisten oder einfach auch Haufen von zu entsorgenden Lebensmitteln. Noch ganze Weißbrotlaibe, halb verzehrte oder etwas zu stark angebratene Rindersteaks, fettes Knochenfleisch, angeschnittene Würste und Käsestücke, fetttriefende Nudeln, leicht verwelktes Obst und Gemüse und vieles mehr.

Man erzählte uns, dass die Metzgereien Rinder- und Kalbsleber kostenlos an ihre Kundschaft zur Fütterung der Haustiere abgeben würden. Der Koch erklärte mir lachend den Grund: »Dieses Zeug fressen in Argentinien nur die Katzen.«

Als der Tag unserer Abfahrt kam, standen wir schon frühmorgens auf dem Bahnhof Retiro. Die Zugstrecke bis zu unserer Zielstation Las Breñas betrug etwa 900 Kilometer. Wir rechneten mit einer Reisedauer von ungefähr 36 Stunden. Der Bahnsteig war drückend voll mit meist dunkelhäutigen Reisenden und ihrem Gepäck. Da sah man mit Stricken zusammengebundene alte Pappkoffer, Bettroste, Schaumgummimatratzen, Kisten, Schachteln, Körbe, Säcke und eine Unmenge von Taschen. Wie sollte das alles nur im Zug Platz finden? Schnell wurden wir eines Besseren belehrt. Wie auf Kommando war in der wartenden Menge plötzlich eine unruhige Bewegung festzustellen, die sich wellenartig auf die Einfahrt dieses großen Kopfbahnhofes zubewegte. Dort schob sich gerade im Schritttempo der noch leere Chaco-Zug heran. Er wurde von der wartenden Menge buchstäblich gestürmt. Die Männer sprangen auf die Trittbretter des noch laufenden Zuges, rannten in die Abteile, rissen die Fenster auf und schon flogen die Gepäckstücke durch die Luft und wurden, wie von einem Torwart, blitzschnell aufgefangen. Gleichzeitig drängelte sich Jung und Alt rücksichtslos und geradezu lebensgefährlich beim Aufspringen auf den Zug. Es war ein wahres Wunder, dass dabei kein Unglück geschah. Als der Zug endlich zum Stehen kam, war er bereits voll besetzt. Nur wir standen noch einsam und verlassen auf dem Bahnsteig und hatten alle Mühe, noch einen Stehplatz auf der offenen Plattform eines Waggons zu finden. So setzten wir uns also wie damals als Soldaten in Kriegszeiten auf die Trittbretter und ließen die Landschaft gemächlich an uns vorübergleiten.

Denn Zeit, das galt es zu begreifen, spielte längst keine Rolle mehr!

Am nächsten Tag um die Mittagszeit, nach einer Fahrt von 35 Stunden, hielt der Zug an der kleinen Bahnstation Las Breñas. Diese Ansiedlung entstand in den Jahren 1885 bis 1914, als das argentinische Eisenbahnnetz ausgebaut und die dazu nötigen Schneisen durch Busch und Urwald geschlagen werden mussten. Dabei rammte man alle zwanzig Kilometer einen Pflock in den Boden, der die zukünftige Bahnstation markierte. So entstanden in den darauffolgenden Jahren mit zunehmender Erschließung des Landes diese *pueblos* (Dörfer und Ansiedlungen).

Die argentinische Provinz Chaco, ungefähr so groß wie die Niederlande, ist eine Region in den subtropischen Niederungen. Sie schwankt zwischen Mangel und Überfluss an Feuchtigkeit. Während es in der Regenzeit 2 bis 3 Monate pausenlos regnen kann, folgen oft bis zu acht Monate völliger Trockenheit.

Schon auf der Fahrt fielen uns an den Bahnstationen gigantische Stapel von Holz mit einem rötlichen Farbton auf. Später erfuhren wir, dass dies das »Gold« dieser armen Provinz war. Sein Name Quebracho rührt aus dem spanischen *quiebra hacha* (zerbricht die Axt) her. Das Holz ist so unglaublich hart, dass man keinen Nagel hineinschlagen kann. Dagegen splittert es der Länge nach auf, wenn man mit dem stumpfen Axtteil die richtige Stelle erwischt. Diese Technik lernte ich sehr rasch beim Schlagen des Küchenholzes. Als Pfostenholz für die Viehweiden hatte der Quebracho ohne Imprägnierung eine Lebensdauer von dreißig und noch mehr Jahren.

Aber der eigentliche Wert dieses gefragten Holzes liegt in seinem Gehalt an Tannin, ein damals weltweit gesuchter Gerbstoff. Inzwischen wird dieser Stoff chemisch hergestellt. Aber der rücksichtslose kommerzielle Kahlschlag ließ diese Wälder verschwinden. Niemand hatte bei diesem Raubbau an eine Nach- oder Aufforstung gedacht. Es ist die Tragödie aller Wälder Südamerikas.

Las Breñas. Trotz des Winters brannte eine heiße Sonne vom Himmel, als wir völlig eingestaubt und verdreckt mit wenigen anderen Reisenden aus dem Waggon kletterten. Einen Bahnsteig gab es nicht. Jetzt fehlten nur noch 35 Kilometer bis zur Ranch des Onkels. Wir nahmen ein sogenanntes Taxi, einen alten Ford, bei dem alle Türen und Fenster klapperten. Das *pueblo* (Dorf) selbst bestand aus einigen wenigen Erdstraßen. Die durchweg einstöckigen Häuser am Rande waren alle von ähnlichem Muster: Die Wände von roten Ziegelsteinen und grau vom Staub des heißen Nordwindes, die Dächer mit angerosteten Wellblechen bedeckt. Alles erinnerte mich an die gottverlassenen Siedlungsbuden der Westernfilme.

Am Dorfende begann eine lange, kerzengerade Erdstraße, die sich endlos zwischen den von Stacheldraht umzäunten Feldern dahinzog. Die im oft kilometerlangen Abstand auftauchenden Häuser und Ranchos ließen uns erahnen, dass auch hier noch Menschen wohnten. Was für eine Beruhigung.

Die Familie des Onkels bewohnte ein einstöckiges Haus. Für uns war ein Zimmer extra hergerichtet und sogar mit einem Zementboden versehen worden. Die Fenster hatten nur Läden, kein Glas, sodass der heiße Nordwind ungehindert seine Staubwolken hineinblasen konnte. Schon in der ersten Nacht wurden wir wach und mussten uns kratzen: Wanzen! Da fing Marianne leise zu weinen an und auch mir wurde weh ums Herz. »Mein Gott, auf was haben wir uns da eingelassen!«

Die neue Heimat

Aber als am nächsten Morgen die Sonne wieder aufging, Hähne fröhlich krähten und Hühner eifrig gackerten, als die Kühe muhten, die Ziegen meckerten und helles Pferdegewieher vom kühlen Morgenwind hergetragen wurde, schien die Welt wieder in Ordnung. Wie hieß es im Lied: »Uns geht die Sonne nicht unter!«

Der Onkel saß auf staatlichem Fiskalland (um die 600 Hektar). Er hatte als gelernter Kaufmann, wie so viele eingewanderte Landsleute, nie etwas mit der Landwirtschaft zu tun gehabt. Alle entsprechenden Dispositionen (so sein häufig gebrauchter Fachausdruck für zu treffende Entscheidungen) bezog er aus Informationen, guten Ratschlägen und dem Beobachten der Nachbarn.

Da auch er, wie die meisten Einwanderer, über keinerlei Kapital verfügte, war dieser Anfang unvorstellbar schwer gewesen. Die erste Behausung bestand aus zusammengestellten Wellblechen, unter denen man die Nächte verbrachte. Immer wieder stellte ich mir die Frage: Wie war nur es möglich, dass es so zahlreiche hoffnungsvolle Einwanderer gerade in diese von Gott scheinbar verlassene Gegend verschlug? Der Grund war der nach dem Ersten Weltkrieg ausgebrochene weltweite Baumwoll-Boom. Man sprach vom *weißen Gold*, von enormen Absatzmöglichkeiten und hervorragenden Preisen. Hier sahen die Ankömmlinge eine Chance, zu dem erträumten Reichtum zu kommen. Dass es aber ein reines Lotteriespiel blieb, sollten die *Goldgräber* sehr bald erfahren.

Jedenfalls galt es zuerst, den Busch zu roden, Freiland zu schaffen und unter den Pflug zu nehmen. Dazu brauchte man für den Einschar-Sitzpflug vier, für den zweischarigen Sitzpflug sogar acht Pferde als Vorspann.

Diese Pferde mussten jeweils früh bei anbrechendem Tageslicht im Busch, ebenfalls zu Pferd, aufgespürt und heimgetrieben werden. Wie stolz war ich, als man mir schon nach kürzester Zeit diese Arbeit anvertraute. Und wie herrlich war es, in die schweigende Morgendämmerung hineinzureiten und nachher die Fluchtversuche der zum Teil halbwilden Pferde im Galopp zu vereiteln.

Aber das bekannte Sprichwort »Erstens kommt es anders, zweitens als man denkt!« sollte auch bei mir sehr schnell zur Realität werden. Zum Aufbau einer Käse-Milchwirtschaft (wie geplant) hatten wir kein Geld. Es reichte bei einer Hitze von 45 Grad nicht einmal am Sonntag zu einer Flasche Bier.

Die halbwilden Kühe musste ich vor dem Melken zum Teil mit dem Lasso einfangen und fesseln, der durchschnittliche Milchertrag lag bei 2 bis 3 Litern pro Kuh. Ohne Elektrizität gab es keinerlei Kühlmöglichkeit, einen Keller gab es sowieso nicht. So folgte dem Traum das traurige Erwachen. Es blieb nur die Arbeit im landwirtschaftlichen Bereich. Wenn ich mit meinen acht Pferden die kilometerlangen Felder pflügte, musste eine Beißzange immer bei der Hand sein. Denn die Stränge, es sollten normale Ketten sein, bestanden nur aus Drähten, die immer wieder rissen. Dann galt es, die Enden mit der Zange wieder zusammenzudrillen. Die spitzigen Bruchstellen rieben dann häufig das schweißnasse Fell des Tieres auf und brachten es zum Bluten. Schon waren die Schmeißfliegen da und legten ihre Eier ab. Kehrten wir dann heim, bevor die Mittagshitze jede weitere Arbeit unmöglich machte, tranken die schweißnassen Tiere aus dem Wassertrog – und ich sog das Wasser genauso durstig in mich hinein.

Die landwirtschaftlichen Geräte mussten sehr oft vor dem Gebrauch wieder instand gesetzt werden. Als ich einmal ein Feld walzen sollte, löste sich die Walze schon nach fünfzig Metern in ihre Einzelteile auf. Und schon gab es eine neue Überraschung. Es kamen Heuschreckenschwärme. Als ich die aufziehenden schwarzen Wolken am Himmel sah, dachte ich zuerst an ein Gewitter. Stundenlang flogen sie, aber als es Abend wurde, landeten sie auf den Feldern und fraßen alles komplett kahl.

Dann kam eine Dürre, es regnete acht Monate nicht und das Vieh kam um. Ein anderes Mal kam die Maul- und Klauenseuche, dann die Zeckenplage (das Vieh war schwarz von Zecken). Sie wurden mit DDT bekämpft. Oft stand ich stundenlang in wahren DDT-Wolken und spritze mit einer Handkurbel das gefährliche, später verbotene Gift in die brüllende Rinderherde. Tagelang hatten wir auch damit zu tun, kranke und befallene Tiere im Busch aufzuspüren. Dann galt es, die oft schon handtellergroßen blutenden Löcher im Tierleib, in die sich die Maden zu Hunderten schon eingefressen hatten, mit Kreolin auszubrennen. Es stank bestialisch. Fand man das Tier aber auch nur einen Tag zu spät, war es verloren. Es wurde sofort von den Spähern der schwarzen Geier geortet, die in kürzester Zeit und scharenweise zur Stelle waren und dem armen, noch lebenden Tier zuerst die Weichteile (Augen!) aushackten.

Vinchuca (Entwicklung von der Larve bis zum ausgewachsenen Insekt)

Wir erlitten einen brutalen Kulturschock mit immer neuen Über-raschungen. Schon beim Erwachen konnte es passieren, dass es mich im Bauchbereich mörderisch juckte. Große rot angeschwollene Platten überzeugten mich, dass ich in der Nacht Besuch gehabt hat-te. Es war die berüchtigte Waldwanze *Vinchuca*, ein etwa zweiein-halb Zentimeter langes blutsaugendes Insekt. Ist es mit der gefährli-chen Trypanosomenkrankheit, *Mal de Chagas*, infiziert, überträgt es diese auf den Menschen. Die Inkubationszeit kann bis zu zwanzig Jahre betragen. Die Krankheit kommt nicht sofort zum Ausbruch, aber wenn, dann verläuft sie meist tödlich (chronisches Herzleiden). Ich habe einige solcher Todeskandidaten gekannt, versuchte auch, mit Medikamenten zu helfen, aber letztendlich starben doch alle. Eine andere Überraschung: Man sitzt im etwas dämmerigen Klo-Bretterhäuschen und sieht die still und bewegungslos daliegende, aber schon züngelnde gefährliche Giftschlange nur eine Handspanne ent-fernt vom nackten Fuß nicht. Oder man fährt mitten in der Nacht erschrocken hoch, geweckt von einem hammerähnlichen Klopfen hin-ter der Kleiderkiste. Doch es war nur ein tellergroßer Ochsenfrosch, der sich ins Zimmer geschlichen hatte und nach seiner Liebsten rief.

Schon bald hatten die Arbeiterfamilien der umliegenden Ranchos Vertrauen zu dem *aleman* (Deutschen), der oft so verrückte Einfälle hatte, gefasst. Da wurde in der Nacht ein Kind tot geboren. Weil man es nicht einfach so in die Erde eingraben wollte, bat man mich um Hilfe. So nagelte ich einen kleinen Sarg aus einer Apfelkiste zusammen, polsterte ihn mit alten Zeitungen aus und das Problem der Beerdigung war gelöst.

Ein anderes Mal entstand mitten in der Nacht im nahe liegenden Rancho der Erntearbeiter eine große Unruhe. Ein sechzehnjähriges Mädchen brachte ein Kind vom eigenen Vater zur Welt. Am darauf-folgenden Morgen sprang dieser durch den Hof, das Neugeborene am Bein haltend, heftig schüttelnd und dabei mit hysterischer Stimme schreiend: »Es ist schon tot, es ist schon tot!« Es hieß, er habe es zu Tode geschüttelt. Bei einer Anzeige hätte man ihn wegen

Blutschande bestraft. So vergrub man heimlich, still und leise auch diese kleine Leiche im Busch.

Für unsere sehr intensive Mitarbeit sollten wir einen Anteil der Ernte erhalten. Aber gerade in diesen Jahren gab es keine Ernten. Erst eine über acht Monate anhaltende Dürre, dann der Schrecken aller Bauern, Heuschrecken fraßen in einer Nacht alle eingesäten Felder kahl. So hatten wir kein Geld. Als mir zu Ohren kam, dass die Regierung im Blick auf die große Papageienplage, die in riesigen Schwärmen die eingesäten Felder heimsuchten, eine Prämie ausgesetzt hatte, griff ich zum Luftgewehr und schoss in der Freizeit. Für jedes Beinchen wurden fünf Centavos versprochen. Aber als ich eine ganze Büchse voll hatte und kassieren wollte, wusste niemand, wo diese Zahlstelle zu finden war. So warf ich sie in den Busch.

Dann versuchten wir unser Glück mit dem Anbau von Zwiebeln. Sie trieben und wuchsen zu unserer Freude. Aber als wir sie ernten wollten, war der Hauptteil von ihnen wegen der Gluthitze schon in der Erde verbrannt.

Als Marianne schwer erkrankte, war natürlich kein Arzt zur Stelle. So spannten wir nach einigen Tagen des Hangens und Bangens zwei Pferde vor den Wagen, legten sie hinten auf Stroh und fuhren im Trab die 35 Kilometer bis nach Las Breñas. Die beiden Ärzte dort erklärten mir mithilfe eines Dolmetschers, dass eine Operation unumgänglich sei. Ich stimmte zu, obwohl mir beim Anblick des Operationssaales beinahe übel wurde. Da stand in der Mitte des Zimmers ein Tisch, darauf eine sehr gebrauchte Matratze; die Beleuchtung bestand aus einem von der Decke hängenden Draht mit einer Glühbirne, die viele schwarze Punkte, Hinterlassenschaften der Fliegen, aufwies. Das freundliche Angebot der beiden jungen Ärzte, die gerade von der Universität kamen, bei der Operation zuzuschauen, lehnte ich dankend ab. Dafür hörte ich vor der Tür meine Frau immer wieder stöhnen und schreien. Aber sie überlebte.

»Hast du kein Heimweh?«, wurde man öfters gefragt oder las es auch in Briefen. Aber was sollte man darauf antworten? Natürlich kannte man dieses Gefühl einer stillen Traurigkeit, die sich besonders an den Sonntagen einstellte. Dann, wenn man Zeit hatte, die Briefe und Zeitungen aus der Heimat zu lesen. Es war alles so still und trostlos, keine einladenden Glocken waren zu hören, die dorthin riefen, wo die Seele wenigstens bei Gott Heimat und Ruhe finden konnte. Selbst der mehr oder weniger atheistische Preußenkönig Friedrich der Große musste davon etwas geahnt haben, als er einmal sagte: »Der Mensch wird zum Tier, wenn er nie einen Sonntagsrock anhat!« Gerade am Tag der Ruhe, dem Sonntag, leiden angeschlagene Menschen verstärkt unter Schwermut und Depressionen. (So heißt es auch in einem Schlager: »Immer wieder sonntags kommt die Erinnerung!«)

Bei allem Heimweh blieb unser einziger Trost, dass wir einander hatten. Wir sprachen, erzählten, sangen und hörten den ach so heimeligen Dialekt unseres Schwabenlandes.

Wilhelm von Humboldt (preußischer Gelehrter und Staatsmann, 1767–1835) sagte dazu: »Die wahre Heimat ist eigentlich die Sprache!« Dies erlebte ich dann auch bei unserem ersten Heimaturlaub 1964. Als der Zug in Stuttgart hielt und ich plötzlich von allen Seiten nur noch schwäbische Laute hörte, fing ich beinahe zu weinen an. Den Grund dafür hatten wir einmal in der Schule gelernt:

Muttersprache, Mutterlaut!
Wie so wonnesam, so traut!
Erstes Wort, das mir erschallet,
süßes erstes Liebeswort.
Erster Ton, den ich gelallet,
klingest ewig in mir fort.

Max von Schenkendorf

Heimweh kann gefährlich und geradezu lebensbedrohlich werden, wenn man auf einmal ganz allein ist. Das ist wie ein Fall ins Nichts.

Dieses Unglück traf uns, als meine Frau und ich uns für viele Monate trennen mussten. Der Grund waren die Folgen der oben erwähnten Operation. Sie wurde immer schwächer, sodass ich ihre Beine mit einer Hand umspannen konnte. Sie war buchstäblich am Verlöschen. So schob ich sie eines Tages mit aller Gewalt in den übervoll besetzten Zug nach Buenos Aires (36 Stunden Bahnfahrt). Dort setzte sie sich vor Schwäche gleich zwischen die Beine der stehenden Passagiere auf den dreckigen Boden und der Zug rumpelte davon. Ich konnte

Auf *Negro*

sie nicht begleiten, dazu fehlte das Geld. Meine letzten Worte zu ihr waren: »Behüte dich Gott! Wenn wir uns hier nicht mehr sehen, dann im Himmel!«

Doch jetzt packte mich das Heimweh nach meiner Frau. Etwas leichter wurde es mir nur, wenn ich wie wild mit meinem Pferd *Negro* durch den Busch und über die Pampa jagte. Dabei saß mir häufig der Liedvers im Nacken, den wir als Buben im Jungvolk gesungen hatten:

Wir reiten und reiten und singen,
im Herzen die bitterste Not.
Die Sehnsucht will uns bezwingen,
doch wir reiten die Sehnsucht tot![11]

Dass ich meine Frau nach langer Zeit wieder in die Arme schließen konnte, verdankten wir guten Menschen, die sich um sie und eine richtige ärztliche Behandlung kümmerten und diese auch bezahlten.

Mit diesem Ausschnitt meiner persönlichen Auswandergeschichte lasse ich es bewenden. Dass man unter so völlig anderen Lebensumständen selbst, ohne es zu wollen, auch *anders* wird, ist zweifellos richtig. Ob manches Mal zum Vorteil oder zum Nachteil, wird von der kritischen Wohlstandsgesellschaft mit Argusaugen beobachtet und festgelegt. Jedenfalls sollte man alle, die einmal gegangen sind, mit anderen als den gewöhnlichen Maßstäben messen.

Wie es bei mir persönlich dann weiterging, können Sie aus meiner Biografie *Vom Gauchosattel auf die Kanzel*[12] nachlesen.

5. Die einzelnen Schicksale

»Hamburg ist ein schönes Städtchen ...«

»... weil es an der Elbe liegt!« *Don Pedro*, wie man ihn nannte, stammte aus Hamburg und hieß eigentlich Peter. Gleich nach unserem Einzug bei Onkel Mateo lernte ich ihn kennen. Er war unser nächster Nachbar, wohnte nur zwei Kilometer von uns entfernt. Don Pedro hatte einen Laden.

Wenn aus unserer Küche, ein kleiner schwarz verrußter Raum, der Ruf erscholl: »Fritz, wir brauchen Nudeln fürs Mittagessen«, dann sattelte ich das für solche und andere Zwecke immer bereitstehende Pferd und ritt los.

Das Ladengeschäft von Don Pedro

Don Pedros Haus stand an der einzigen staubigen Erdstraße und war ein schiefer Rancho, das übliche Domizil aller einheimischen

Landbewohner. Es bestand aus in den Boden gerammten Baustämmen, die Wände waren aus Lehm. Die Überdachung bestand aus einer Lage strohartigen Binsenkrauts, auf dem eine dicke Schicht Lehmerde nicht nur Schatten spenden, sondern auch den Regen abhalten sollte. Es hielt aber meist nicht länger als zwei Regentage dicht. Dann begann in jedem Rancho das große Hin- und Herschieben und Wegrücken von Betten und Möbelstücken, vorausgesetzt, dass solche vorhanden waren.

Wenn ich mein Pferd außen am extra dafür angebrachten Pfosten angebunden hatte und das Geschäft betrat, stand ich in einem typischen *Store* nach Westernart – nur viel schmutziger und primitiver. An den lehmigen Wänden waren rohe Bretter angebracht, auf denen die Waren standen oder lagen. Es waren wenige verstaubte Konservenbüchsen wie Corned Beef, Tomatenmark, Schnapsflaschen oder Rasierklingen, aber auch Packungen mit Kernseife, Reis, Nudeln, Nähfaden oder Schulhefte. Der Ladentisch bestand aus zusammengenagelten Brettern mit Schubladen, davor standen offene Säcke mit Kartoffeln, Zwiebeln und Mais. Als einziger Schmuck hing an der Wand ein buntes Bild hinter trübem Glas mit dem schön verschnörkelten bunten Spruch: »Heute wird nicht gestundet, morgen ja!« Man fand ihn damals in vielen *boliches* hängen, wie die Ladengeschäfte auf dem Land genannt wurden.

War nach meinem Eintritt ins Geschäft niemand zur Stelle, klatschte ich in die Hände, was in Südamerika so viel bedeutet wie *Hallo*. Nach einer Weile kam Pedro dann aus dem Hinterhof angeschlurft, wo er meist seinen Mate trank. In den warmen Jahreszeiten trug er nur eine aus vielen Stoffecken zusammengenähte Hose und an den Füßen die üblichen *alpargatas* (die bei der Landbevölkerung üblichen Arbeitsschuhe aus schwarzem Leinenstoff und stabilen Sohlen aus Hanfgeflecht). Der Hausherr war bei meinem Kommen immer sichtlich erfreut, denn jeder Käufer brachte ihm etwas Abwechslung in seinen langweilig-öden Alltag. Schließlich konnten zwei oder gar noch mehr Stunden vergehen, bis wieder ein Kunde auftauchte.

So wurde man gleich zum Sitzen aufgefordert, ein halb voller Kartoffelsack bot sich dazu an. Pedro drehte gewöhnlich noch eine Zigarette mit schwerem, dunklem Tabak, spuckte noch auf den Erdboden — dann konnte die Unterhaltung losgehen. Schon erfuhr man das Neueste aus der Gegend. Der Nachbar habe wieder seine Frau geschlagen, die Ziegenherde von Ramon habe sich im Busch verlaufen und die *Cooperativa*, die landwirtschaftliche Genossenschaft in der Stadt, würde jetzt sogar Eier aufkaufen.

Selbst über die intimsten Familienverhältnisse meines Onkels wurde ich aufgeklärt. Lauthals begann Pedro zu lachen, als er erzählte, dass die Feldarbeiter von Don Mateo bei ihrer Arbeit auf den Feldern in der Regel einen Wachposten aufgestellt hätten. Dieser würde rechtzeitig die Ankunft des Patrons melden, sodass sich die geruhsame Arbeiterschar blitzartig in einen fleißigen Ameisenhaufen verwandeln konnte.

Natürlich wollte er auch viel von mir wissen: vom Krieg, von der Gefangenschaft, den nachfolgenden Hungerjahren und wie es nun in der alten Heimat so gehe.

Aber schließlich landete die Unterhaltung unweigerlich und immer wieder beim gleichen Thema: seiner eigenen Lebensgeschichte. Immer wieder versuchte er mir zu erklären, wie und warum er schließlich im letzten Buschwinkel und in dieser Misere gelandet sei.

Als echter Hamburger war er nach der Schule zur See gefahren und hatte als Matrose alle Weltmeere kennengelernt. Aber eines Tages (in den Zwanzigerjahren) sei er wegen schlechter Arbeitsbedingungen einfach in Rio de Janeiro vom Schiff gegangen und nach Argentinien weitergezogen. Dort hörte er vom *weißen Gold*, der Baumwolle, und dass man damit schnell sein Glück machen könne.

Pedro kam in den Chaco, bekam ein Stück Regierungsland, baute sich darauf einen Rancho und erwarb mit seinen wenigen Ersparnissen einen Pflug und acht Maultiere. Dann begann das Schuften und Rackern von Sonnenauf- bis Sonnenuntergang bei Sommertemperaturen bis zu 46 Grad im Schatten. Hatte er Glück, dass es zur rechten Zeit regnete, spross die eingesäte Baumwolle wunderbar. (Den Samen hatte man sich als Kredit vom Geschäftsmann in der Stadt beschafft.) Schon rechnete man aus, wie viel Tonnen pro Hektar Ertrag möglich wären. Ebenso machte er Pläne für den Bau eines sicheren Brunnens oder gar den eines Hauses aus Backsteinen. Aber über Nacht kamen Heuschrecken und fraßen das Feld so kahl, dass kein einziges Blatt mehr an den Pflanzen blieb. Damit hatte sich die Ernte erledigt. Dann kam ein Jahr, in dem während acht Monaten kein Tropfen Wasser vom Himmel fiel. Die Saat ging kaum auf, ihre Reste wurden von den Blattameisen in die meterhohen Haufen ihrer Brutstätten geschleppt. Aber Pedro gab die Hoffnung nicht auf. Wie ein Wunder kam ein Jahr, in dem alles passte. Der Regen kam, die Heuschrecken blieben aus, die Felder standen schneeweiß in üppiger Baumwollpracht da. Aber ausgerechnet jetzt fielen die Weltmarktpreise ins Bodenlose, weil es in den USA ebenfalls eine Supererente gegeben hatte. Trotzdem war man froh, wenigstens einen Teil der angehäuften Schulden beim Handelsmann zurückzahlen zu können.

Baumwolle, das weiße Gold!
Ein Arbeiter einer Entkernungsfabrik im Chaco prüft die Qualität der Baumwolle, welche die Kolonisten angeliefert haben

Vielen enttäuschten *Goldsuchern* ging es ebenso wie Pedro. Natürlich spielte auch Pedro immer wieder mit dem Gedanken, nach Deutschland zurückzukehren. Aber da waren seine acht Maultiere, eines sah aus wie das andere. Ein wundervolles Gespann. Wenn er sie rief, kamen sie und stellten sich ganz von alleine zum Einspannen in eine Reihe. Pedro hätte es nicht übers Herz gebracht, sich von ihnen zu trennen.

So war er eben geblieben und hatte sich schließlich mit Dona Modesta, eine überaus füllige Kreolin mit riesigen Ohrringen, zusammengetan. Sie saß gewöhnlich im Hof hinter einer alten ratternden Nähmaschine und schneiderte neben Kleidern, Hosen und Hemden alles nur Erdenkliche für die Kunden. »Ich habe das Nähen richtig gelernt!«, erklärte sie mir stolz.

Im Laden gab es für Getränke einen speziellen Kühlschrank. Es war eine Kiste unter dem Schanktisch. Da lagen einige Bierflaschen sauber abgedeckt mit einem Jutesack. Über denselben schüttete der Wirt von Zeit zu Zeit Wasser. Durch die Verdunstung des Wassers entstand eine gewisse Kühlung. Nur selten konnte ich mir aber den Luxus einer Flasche Bier leisten. Und wenn doch, dann nur durch einen vorherigen Tausch mit einem Messer oder gar Kleid meiner Marianne. Nie im Leben habe ich ein schaleres Bier getrunken als aus der Kiste von Pedro.

Wenn dann mein angebundenes Pferd anfing, ungeduldig zu scharren und zu schnauben, wurde es Zeit, wieder nach Hause zu reiten.

Als ich nach Jahren noch einmal in diese Gegend kam, machte ich an Pedros Rancho halt und besuchte den alt gewordenen Mann. Der Rancho war immer noch derselbe und wie einst kam er hinten aus dem Hof angeschlurft. Nur sein Gesicht war verändert. Eine riesige Narbe prangte quer über seiner Stirn. Seine dicke Modesta hatte ihm das Buschmesser über den Schädel gezogen, nachdem sie dahintergekommen war, dass er ein Verhältnis mit ihrer jungen Nichte angefangen hatte. Immerhin war Pedro mit dem Leben davongekommen.

»Argonnerwald um Mitternacht...«

»...ein Pionier stand auf der Wacht«, so sang er lauthals vor mir
stehend dieses Soldatenlied aus dem Ersten Weltkrieg. Und das hier,
viele Tausend Kilometer entfernt von diesem legendären französi-
schen Kampfgebiet des Ersten Weltkriegs.

Wilhelm wurde im schwäbischen Oberland, in der Gegend
von Ravensburg, als Sohn eines Großbauern geboren. Er studierte
Landwirtschaft in Hohenheim, weil er, obwohl der jüngste Sohn,
ursprünglich den Hof erben sollte. Wilhelm hatte mehrere Brüder,
mit denen er in den Wirren der Nachkriegszeit (um 1920) allerlei
dunkle Geschäfte gemacht hatte. Diese Jahre waren von Schiebereien
und Schwarzhandel geprägt. Als Wilhelm und seine Brüder einen
größeren Holzdiebstahl aus den Wäldern ihrer Umgebung durch-
zogen, wurden sie entdeckt, angezeigt und sollten vor Gericht kommen. Dem kamen sie aber zuvor, indem sie sich im Eiltempo und
unter der Hand Papiere beschafften und verschwanden. In Hamburg
schifften sie sich dann nach Buenos Aires ein.

Ihr Gepäck hatten die drei Brüder auf einem vom Militär aus-
gemusterten Pferdeplanwagen verstaut. Darunter sei sogar ein Ma-
schinengewehr gewesen, berichtete mir Wilhelm grinsend.

Auch sie kamen nach ihrer Ankunft in Argentinien in den Sog
des *weißen Goldes* und ließen sich im Chaco nieder. Da sie als Bauern
mit diesem Handwerk vertraut waren, kamen sie im Vergleich zu
den anderen Anfängern trotz aller Missstände schneller voran, sodass
sie an die Gründung einer Familie denken konnten. Aber woher
sollten sie in dieser Wildnis jeweils eine Frau nehmen? So schrieben
sie kurz entschlossen in die Heimat, man möge ihnen drei heirats-
willige Mädchen schicken. Das geschah tatsächlich. Man tauschte
brieflich noch Fotos aus und eines Tages standen die drei Brüder
am Hafenkai von Buenos Aires und blickten voller Spannung dem
einlaufenden Schiff entgegen. Man fand und begrüßte sich natürlich
etwas gehemmt, aber bei der erstbesten Gelegenheit flüsterte der

älteste Bruder den anderen seine Entscheidung zu: »Die da, mit dem Lockenkopf, nehme ich!« Darauf der zweite ohne lange Überlegung: »Und ich nehme die mit dem blauen Kleid!« Jetzt blieb nur noch eine übrig, Wilhelm hatte keine Wahl mehr. Nur, diese Letzte gefiel ihm nicht. Sie hatte einen etwas eigenartigen Gang. Also machte er seinen Brüdern klar, dass er *die* nicht nehmen würde, weil sie ja »wie eine Ente watschle!«

Wilhelm heiratete dann eine rassige Kreolin. Die schenkte ihm nicht nur sechs Kinder, sondern sorgte auch dafür, dass der überaus sachkundige und tüchtige Landwirt trotz vieler Mühen nie über den Besitz einer miserablen Erdhütte hinauskam. So wie das mühsam verdiente Geld hereinkam, floss es auch wieder davon. Unnötige und fantasievolle Einkäufe sowie Festlichkeiten wollten schließlich finanziert sein. Eines Morgens beim Erwachen musste der erschrockene Wilhelm dann feststellen, dass die Schöne mit einem Liebhaber durchgebrannt war. Die sechs unmündigen Kinder hatte sie ihm zurückgelassen.

Das alles und vieles mehr erzählte Wilhelm, wenn er ab und zu am Sonntag mit anderen Landsleuten zu Besuch kam. Es hatte sich nämlich schnell in der Nachbarschaft (darunter verstand man einen Umkreis von fünfzig Kilometern) herumgesprochen, dass der aus der alten Heimat eingetroffene Neffe von Don Mateo nicht nur über den dortigen Stand der Dinge berichten, sondern dazu noch Akkordeon spielen konnte. So saß man um das offene Feuer, über dem Rost brutzelte eine kleine Ziege und dann wurde gesungen. Sofort fiel mir auf, dass Wilhelm eine sehr gute Stimme hatte. Aber aus allen Wolken fiel ich, als er Lieder anstimmte und sang, die mir aus allerfernster Kindheit noch in Erinnerung waren. »Es braust ein Ruf wie Donnerhall«, »Bei Sedan wohl auf der Höhe« oder gar sein Lieblingslied »Argonnerwald um Mitternacht«. Hier saßen alle zusammen in trauter Runde und sangen aus voller Kehle: Frau von Sch., ehemalige Farmerin aus Deutsch-Ostafrika, deren Mann als Kommandeur bei der Legion Condor im Spanienkrieg fiel; der Apotheker aus Berlin, der aus nicht erwähnten Gründen mit dem Gesetz in Konflikt gekommen war, auch er Offizier im Ersten Weltkrieg.

An einem Sonntag besuchten wir Wilhelm in seinem Rancho. Wir brachten Kartoffeln, Eier und Mehl mit, denn wir wollten ihn mit dem schwäbischen Nationalgericht, Kartoffelsalat mit Spätzle, von dem er immer wieder geschwärmt hatte, überraschen. Marianne brachte schließlich das Kochkunststück fertig, obwohl es in der Hütte außer lebhaftem Ungeziefer nur eine einzige verbeulte Schüssel gab.

Obwohl katholisch erzogen, wollte Wilhelm vom christlichen Glauben nichts wissen. Dafür begann er sofort über einen katholischen Priester mit deutschem Hintergrund zu spotten, der sich im Städtchen nicht nur für das Seelenheil seiner Pfarrkinder verantwortlich fühlte, sondern ebenso für den Bevölkerungszuwachs in Form unehelicher Kinder.

So blieben alle missionarischen Versuche meiner Frau Marianne, sein verpfuschtes Leben mit Christus neu zu beginnen, vergebliche Mühe. Als Jungbäuerin war Marianne ihm ansonsten recht sympathisch, er unterhielt sich gerne und oft mit ihr und nannte sie immer *Seniora*.

Als ich nach vielen Jahren noch einmal in die Gegend kam, suchte ich nach ihm und fand ihn im Haus einer seiner Söhne. Er war Alkoholiker geworden, die Beine mit Lappen umwickelt, das Gesicht aufgedunsen – ein Bild des Jammers. Bald darauf ist er gestorben. Später erfuhren wir, dass er beim Sterben mehrmals »Man möge die *Seniora* holen« gerufen hätte.

Übrigens: Das damals als *Ente* zurückgewiesene Mädchen heiratete einen schwäbischen Kolonisten und brachte es durch Fleiß und Tüchtigkeit zu einem recht bemerkenswerten Wohlstand.

»Es steht eine Mühle im Schwarzwäldertal ...«

»... die klappert so leis vor sich hin«, so klingt das Lied und so war es wohl schon damals, Anfang der Zwanzigerjahre in dem romantischen Schwarzwalddorf Ebhausen.

Der rauschende Bach drehte das Mühlrad und dieses wiederum bewegte die Gattersäge, die den Reichtum der Schwarzwald-Höhen – dunkle hohe Tannen – in Bretter und Balken verarbeitete. Hier verdiente sich der junge Geselle Jakob sein Brot.

Aber die Nachkriegszeiten waren schwer und die Löhne knapp. So entschloss sich Jakob, sein Glück in Amerika zu suchen. Er hatte bereits eine Braut, die mit seinem Plan einverstanden war. Nur wollte sie sichergehen und meinte, dass Jakob vorausfahren solle. Sobald er dann eine Existenz und eine Wohnung habe, würde sie nachkommen.

So landete der gutmütige Schwarzwälder in Paraguay und verdingte sich, da alle Reserven durch die Reise aufgebraucht waren, als Knecht bei einem Kolonisten (Bauer). Die Arbeit war unendlich hart. Es galt, bei der Tropenhitze Urwald zu roden und den freigeschlagenen Ackerboden ständig mit einer Hacke vom wild wuchernden Unkraut zu säubern. Gab es eine Ernte, wurde der Ertrag mit einem Ochsenkarren in den dafür erbauten Bretterschuppen gebracht. In diesem Schuppen gab es einen kleinen Verschlag, in dem eine mit Maisstroh gefüllte Matratze lag: Jakobs Schlafplatz.

Eine ganze Zeit noch gingen die Briefe hin und her, aber dann wurde der Briefverkehr immer spärlicher. Es vergingen fünf Jahre härtester Arbeit,

Jakob

in denen sich Jakob so gut wie nichts gönnte, denn alles wurde zur Seite gelegt.

Dann endlich konnte er die frohe Botschaft in die Heimat schreiben: »Es ist so weit, ich habe ein kleines Stückchen eigenes Land erworben und darauf ein bescheidenes Bretterhäuschen gebaut. Du kannst kommen!« Aber die Braut hatte längst einen anderen Mann gefunden. Die Wartezeit war ihr zu lange geworden. Es zerriss dem armen Jakob das Herz und er heiratete eine Kreolin, die ihm den Eintopf kochte, die zerrissenen Hosen und Hemden flickte und ihn mit drei Kindern beglückte. Aber auch hier, wie in vielen anderen mir bekannten Fällen, gab es Eheprobleme. Die Kulturen passten nicht zusammen. Jede Kultur hat ihre Vor- und Nachteile. Aber die Unterschiede sind oft so stark, dass eine lebenslange Ehe nicht möglich ist.

Genauso erlebte es auch unser Jakob. Als seine Söhne älter wurden, brauchten sie Geld. Aber dies gab es nur nach der bescheidenen Maisernte oder dem Verkauf einer Kuh. Dass man damit eigentlich Wellbleche für das lecke Hausdach kaufen sollte, interessierte die Söhne wenig. Wenn der Vater sich querstellte, bekam er Schläge. Dies erfuhr ich von den Nachbarn.

Durch seine schüchterne und etwas schwerfällige Art galt Jakob in der Regel als einer, der das Pulver nicht erfunden hätte. Aber das schien nur so. Bei einem großen Gemeindefest hatten sich viele Kolonistenfamilien wie immer unter den Bäumen gelagert und ließen sich den gebratenen Ochsen schmecken. Um etwas Heiterkeit und Abwechslung in die Gesellschaft zu bringen, kam ein übermütiger Wichtigtuer auf die Idee, den *dummen* Jakob vorzuführen. Er rief ihn mit lauter Stimme herbei und schon scharte sich das neugierige Publikum um die beiden.

Der Wichtigtuer begann: »Jakob, du bist doch ein Schwabe?« Der Gefragte nickte stumm. Der Frager fuhr fort: »Da hört man doch, dass die Schwaben erst mit vierzig klug würden, stimmt das? Kannst du mir sagen, was dann mit denen passiert, die auch mit vierzig noch nicht gescheit werden?« Da lächelte Jakob nur, deutete mit dem Finger auf den Angeber und sagte: »Dann werden sie so wie du!« Jetzt hatte er die Lacher auf seiner Seite.

Bald nach unserem Einzug ins Pfarrhaus Hohenau (Paraguay) bekamen wir Besuch von Jakob. Er hatte gehört, dass das neue Pfarrerehepaar Landsleute von ihm seien. Das freute ihn sichtlich. So wanderte er meist barfuß die acht Kilometer bis zu uns. Angezogen war er mit einem verwaschenen Hemd und einer geflickten Hose. Er erzählte viel von seiner Heimat und hatte es nie besonders eilig, wieder nach Hause zu gehen. So konnte es vorkommen, dass Marianne schnell Brezeln, eine schwäbische Spezialität, backte. Als Lauge wurde Holzasche verwendet.

Da damals alle Einwanderer, gleich welcher Nationalität, weder Rentenansprüche noch eine Krankenversicherung hatten, begann das eigentliche Unheil erst bei einer Krankheit. Die kostenlose, vom Staat unterhaltene Krankenstation hatte meist außer Aspirin keinen Vorrat an Medikamenten. Sonstige Behandlungen oder gar Operationen mussten selbst bezahlt werden. Waren dazu keine Mittel vorhanden, blieb nur noch die Suche nach einem Kredit. Diesen boten gewisse Geschäftsleute an, die mit Wucherzinsen (6 Prozent im Monat!!) den Ruin der Familie vorprogrammierten.

Aus diesem Grund begann ich, Jakob nach seinem damaligen Arbeitsverhältnis in der Schwarzwälder Mühle auszuforschen. Auf die Frage, ob sein Müller für ihn *geklebt* habe (so nannte man seinerzeit das Einkleben der monatlichen Sozialversicherungs-Märkchen in eine Versicherungskarte), bejahte Jakob dies. Bei den weiteren Nachforschungen stellte sich heraus, dass beinahe fünf Jahre Sozialbeiträge für Jakob bezahlt worden waren. Jetzt begann ein langer und zäher Kampf mit deutschen Versicherungsanstalten. Dass wir diesen letztendlich nach einer Rentennachzahlung gewannen, war beinahe ein Wunder.

Jedenfalls kam eines Tages die frohe Kunde aus der Heimat, dass eine monatliche Rente von 180 DM zu erwarten war. Strahlend saß der Glückspilz bei dieser Nachricht vor mir, aber sogleich verdüsterte sich seine Miene und er stieß ängstlich hervor: »Was mache ich mit so viel Geld? Das darf meine Familie nie erfahren. Sie nehmen mir gleich alles weg!«

So eröffneten wir ein Geheimkonto bei der Hohenauer Bank, die damals noch ein besserer Bretterschuppen war. Der Bankdirektor versprach strengste Diskretion, woran ich nicht zweifelte, denn wir waren gute Freunde. Besonders, nachdem ich ihm ein liebes Äffchen geschenkt hatte, das wir zu Hause nicht mehr halten konnten. Es ist ihm dann allerdings später in einem unbewachten Augenblick buchstäblich *aufs Dach gestiegen* und hat mit sichtlicher Präzision die Dachplatten abgedeckt und in den Garten geworfen.

Doch zurück zu Jakob: Seit seinem Abschied vom Schwarzwald waren inzwischen bald 50 Jahre vergangen. In dem Dorf lebte noch ein Bruder im kleinen elterlichen Häuschen, der ihn zum wiederholten Male aufgefordert hatte, doch noch zu einem letzten Wiedersehen eine Reise in die Heimat zu wagen. Aber dies blieb ein schöner Traum. Unser Jakob war zufrieden, wenn er sich jeden Tag von seiner angepflanzten Manioka, dazu hie und da an einem Stück Fleisch von der letzten Schweineschlachtung satt essen konnte. Geld war in der Regel keines da.

Aber jetzt wurde auf einmal ein Silberstreif am Horizont sichtbar. Ich rechnete ihm vor, dass nach einem Jahr so viel auf dem Geheimkonto sein würde, dass einer Reise nichts mehr im Wege stehen würde. Nur musste vorher der längst abgelaufene Reisepass bei der deutschen Botschaft in Asuncion sowie alle sonstigen Reisepapiere beantragt werden. Aber eines Tages hatten wir alles beisammen. Auch die Mitgliedschaft bei *Schwaben International* (eine Gesellschaft in Stuttgart, die preiswerte Gemeinschaftsflüge organisierte) wurde eingefädelt. So wurde eines Tages der Flug von Buenos Aires nach Frankfurt gebucht.

Doch jetzt kam das größte Problem. Wie bekam ich Jakob aus seiner Urwaldeinsamkeit nach Ebhausen? Da war zuerst die Busreise zum Grenzübergang Paraguay – Argentinien, dann die Überquerung des beinahe zwei Kilometer breiten Grenzflusses *Alto Parana*, die Abfertigungen bei den Zollbehörden und die Reservierung der Platzkarten für den Bus nach Buenos Aires (1 000 Kilometer). Als Nächstes stand eine Übernachtung in der argentinischen Millionenstadt an und der Transfer zum Flugplatz *Ezeiza*. Und erst in Deutschland!! Der wahnsinnig umtriebige Flughafen Frankfurt, wo sich selbst geübte Reisende noch verirren. Die Weiterreise nach Stuttgart mit dem ebenfalls stark belebten Hauptbahnhof, die Weiterfahrt mit dem Zug nach Calw und schließlich noch das letzte Wegstück bis Ebhausen.

Wie sollte Jakob, ein sehr bedächtiger, um nicht zu sagen unbeholfener alter Schwabe, der ein halbes Jahrhundert lang vom Fortschritt der Zeit mit einer stetig sich verändernden Umwelt abgekoppelt gewesen war, das nur bewältigen?

Es war mir klar, dass er diese Reise nicht allein machen konnte. Er brauchte einen Begleiter. Den suchte und fand ich in der Person von Alfred D., ebenfalls ein Schwabe. Im Neckardorf Deizisau geboren und aufgewachsen, wanderte auch er einmal aus. Während der schweren Anfangsjahre fand er aber eine tüchtige Ehefrau, die aus Pommern stammte, und gründete eine Familie. Im Gegensatz zu Jakob hatte er das Glück, dass ihn die Verwandten in Deutschland nicht nur zu einem Besuch einluden, sondern auch seine Reise bezahlten. Er war jünger und gewitzter als Jakob, sodass es klappen konnte.

Trotzdem war es notwendig, mit den Reisenden den genauen Reiseplan bis ins Detail durchzuarbeiten, von Station zu Station. Und ebenso mussten im Durchreiseland Argentinien (Posadas und Buenos Aires) Helfer zur Abholung und Weiterbeförderung gefunden werden. Dies wurde durch die Hilfe von Funkamateuren, die ich rechtzeitig gebeten und eingewiesen hatte, ermöglicht.

Der Reiseweg in Deutschland wurde erleichtert, weil Alfred D. von den Verwandten direkt am Frankfurter Flughafen abgeholt werden sollte und wir um eine Mitnahme von Jakob bis zum

Hauptbahnhof Stuttgart gebeten hatten. Dort sollten sich die Wege der Reisegefährten trennen.

Aber jetzt waren für Jakob genaueste Anweisungen für die Weiterreise fällig:

»Jakob, du bist jetzt aus dem Auto ausgestiegen und stehst mit deinem Köfferchen auf dem Parkplatz des Stuttgarter Hauptbahnhofs. Das ist ein Steinbau mit einem Turm, der einen riesengroßen Eingang hat. Da springen viele Leute immer raus und rein. Da gehst du auch hinein und suchst jemand mit einer Uniform. Auf den gehst du zu und sagst, so schnell du kannst: ›Entschuldigung, können Sie mir sagen, wo und wann der nächste Zug nach Calw abfährt?‹ Wenn der dich nicht anhört oder dir eine abweisende Antwort gibt, musst du, aber wieder ganz schnell, sagen: ›Ich komme aus Amerika.‹ Dann wird er dir helfen.«

So kehrte Jakob nach vielen Jahren wieder nach Hause zurück. Als Überraschung hatte ich rechtzeitig einen Brief an das dortige Ebhausener Pfarramt geschickt, in dem ich den mir unbekannten Kollegen über die genaue Ankunft dieses *verlorenen Sohnes* informierte, verbunden mit der Bitte um seine Mithilfe: Er möge doch dafür sorgen, dass man am Abend des Ankunftstages Jakob ein Ständchen spielte.

Wie's dann weiterging? Die drei Monate Aufenthalt verflogen für Jakob schnell. Aber schon vorher bekam ich einen Brief von ihm mit der Bitte um einen Rat. Die Bekannten im Dorf und sogar der Bürgermeister (ein früherer Schulkamerad) würden ihm raten, in Ebhausen zu bleiben und nicht mehr nach Paraguay zurückzukehren. Sogar eine Arbeit könnte man ihm noch vermitteln, trotz seines Alters.

Jetzt hatte ich den Schwarzen Peter in der Hand. Was sollte ich ihm raten? Da Jakobs Frau durch ein Leiden beinahe blind geworden und die Söhne aus dem Haus waren, war die Entscheidung eindeutig. So kam Jakob eines Tages wieder angereist, aber er war kaum noch wiederzuerkennen. Er hatte etliche Kilos zugenommen, steckte in einem Anzug mit Weste und hatte eine Krawatte umgebunden. »Du siehst ja aus wie ein Advokat!«, entfuhr es mir und Jakob lachte, dass die roten Bäcklein nur so zitterten. Seine großen Koffer waren mit Wäsche und allen möglichen Dingen vollgepackt. Jeder hatte ihm zum Abschied etwas schenken wollen.

Bis heute tut es mir leid, dass ich damals noch kein Aufnahmegerät besaß. Denn als er mir in meinem Amtszimmer gegenübersaß und die Erlebnisse in seiner knitzen, originellen Sprache erzählte, war das einmalig. Es hätte im Fernsehen oder Radio wahre Lachsalven hervorgerufen.

Eine Kostprobe gefällig? Als er im Stuttgarter Hauptbahnhof stand, hatte er, wie von mir eingetrichtert, nach einem Menschen in Uniform gesucht. Da sei einer ganz eilig mit einer roten Mütze dahergekommen. Auf den sei er zugegangen und habe ihn gefragt, wo der Zug nach Calw abfahre.

Da hatte der ihn angeschnauzt: »Ich bin doch kein Auskunftsbüro!« Aber unser Jakob war geschult. Ganz schnell konterte er: »Ich komme aus Amerika!« Darauf war der Bahnbeamte stehen geblieben, hatte ihn angeschaut und gesagt: »Ja no, des isch ebbas anders!« Gleich war er mit ihm zur Auskunft und zum Fahrkartenschalter gegangen und hätte ihn sogar noch in den richtigen Zug gesetzt. Ja, ja, so sind die Schwaben eben.

Als Jakob nach der Ankunft abends mit seinem Bruder auf dem Sofa saß und des Erzählens nach beinahe fünfzig Jahren kein Ende war, da habe vor dem Haus auf einmal Musik gespielt. Jakobs Bruder hatte ihm dann gesagt, dass der Posaunenchor extra für ihn spielen würde. Da habe er geheult wie ein Schlosshund. Ob Sie es glauben oder nicht – als Jakob dies erzählte, wäre es mir beinahe ebenso ergangen.

»Auferstehn, ja auferstehn …«

»… wirst du, mein Staub, nach kurzer Ruh.« Die Beerdigung war um die Mittagsstunde auf einem kleinen Friedhof in Paraguay.

Die Sonne brannte so erbarmungslos vom Himmel, dass mir der Schweiß unter dem Talar in Strömen floss. Der einfache Brettersarg lag bereits unten im *Loch*, der dort gängige Ausdruck für die Grube, als ein paar Gemeindeglieder zu singen begannen. Es war das eingangs genannte alte Beerdigungslied. Unter der Gruppe war eine Stimme so hell und sicher herauszuhören, dass ich mich nach dem Sänger umschaute. Da ich damals (1963) erst kurze Zeit in dieser Gemeinde war, kannte ich die Menschen noch nicht.

Aber diesen schwäbischen Landsmann sollte ich noch recht gut kennenlernen.

Er hieß Karl Ziegler. Sein Heimatort war Möglingen, damals noch ein Dorf in der Nähe von Ludwigsburg. Er kam aus einer kleinbäuerlichen Familie, wurde noch zum Ende des Ersten Weltkriegs Soldat und wanderte in der schwierigen Nachkriegszeit als armer Bauernknecht nach Paraguay aus.

Von Gestalt klein, dürr und unscheinbar, hatte er eine etwas deformierte Kopfform, sodass mancher hätte glauben können, dass er nicht ganz gescheit wäre. Aber wer das meinte, täuschte sich. Karl war hell, knitz und schlagfertig.

Er betrieb eine kleine Landwirtschaft, hatte ein paar Kühe und wohnte sehr armselig in einer der dort üblichen Bretterhütten. Er hatte eine vom Ehemann verlassene Frau geheiratet, die ebenfalls deutscher Abstammung war. Den Grund dafür gestand er mir einmal: »Um jemand zu haben, der mir die Hosen flickt!« Karls Frau Tusnelda hatte auch sofort das uneingeschränkte Kommando im Hause übernommen. Als er einmal auf einer Gemeindekonferenz einen

Karl Ziegler mit seiner Familie

Geldschein verlor, kam er beinahe weinend zu mir und jammerte: »Wenn Tusnelda das erfährt, kann ich was erleben!« Davor konnte ich ihn aber mit einem inhaltsreichen Händedruck bewahren.

Stolz war Karl auf seinen Rang als Vorsteher der kleinen Nebengemeinde *Capitan Miranda*. Wenn wir einmal im Monat in dem kleinen Bretterkirchlein unseren sonntäglichen Gottesdienst abhielten, wurde von ihm und seiner Familie – zwei Kinder waren ihm geboren worden – am Tag davor das Gelände von Unkraut und Kuhfladen gesäubert. Ebenso wurde der Innenraum samt den roh gezimmerten Holzbänken von Spinnweben, Vogelfedern, Mäusedreck und dem hereingewehten Erdstaub gereinigt.

Begann dann der Gottesdienst und ich kündigte das Eingangslied an, zum Beispiel Lied 324, Verse 1-5, so konnte es passieren, dass Karl mich mit energischer Stimme aus seiner Bank korrigierte und dazwischen rief: »Drei Strophen reichen auch!«

Meine Reaktion? Warum auch nicht! Wenn er schon zu Hause nichts zu melden hatte, warum dann nicht wenigstens in der Kirche. Man muss dem Schwachen Geltung verleihen, zählt doch auch dies zu der Barmherzigkeit, die Jesus verkündigte und die wir Pfarrer ja predigen sollten. So sangen wir eben nur drei Strophen des Liedes.

Karl und ich konnten uns gut leiden. Es war nicht nur das Schwäbeln, das uns verband, sondern auch die Volkslieder, die wir bei unseren Gemeindefesten zusammen sangen und von denen er viele als früheres Mitglied des Möglinger Gesangvereins kannte.

Für gespendete Kleidung aus Deutschland war er immer ein dankbarer Abnehmer. Wenn dann die Jacke zu weit oder die Hose zu eng war, spielte das keine Rolle. Die Familie lebte in sehr ärmlichen Verhältnissen. So nahmen wir auch auf seine Bitte hin die beiden Kinder kostenlos in unser Schülerheim auf. Damit sie, wie Karl meinte, etwas deutsche Kultur lernen sollten. Die armselige Lage der Familie verbesserte sich später etwas, als ich über die Deutsche Botschaft eine monatliche Sozialhilfe von 100 DM beschaffen konnte.

An einem Sonntagmorgen läutete im Pfarrhaus sehr früh das Telefon. Gerade wollte ich mit meinem Motorrad zu einem Gottesdienst in einer weit entfernten Gemeinde losfahren. Sie riefen aus dem Hospital an und teilten mir mit, dass Karl Ziegler bei ihnen eingeliefert worden sei und dass er nach mir verlangen würde.

Am Abend zuvor wollte Karl bei einbrechender Dunkelheit noch einen Arm voll Zuckerrohr für seine paar Kühe schneiden, als er beim Aufnehmen in die Hand gebissen wurde. Es war, wie an den Einstichen zu erkennen, eine Schlange gewesen. Da es davon auch ungiftige Arten gibt, dachte man zuerst nicht an eine Gefahr. Erst nachdem es Karl immer schlechter ging suchte man eine Frau in der Nachbarschaft auf, die angeblich mit allerlei Kräutern und Zaubersprüchen *heilen* konnte. Dies war die Regel bei armen Leuten, weil das Geld für einen Arzt und ein Krankenhaus grundsätzlich fehlte.

Doch Karls Zustand verschlimmerte sich, Kopfschmerzen und Brechreiz stellten sich ein. Jetzt war für ärztliche Hilfe höchste Eile geboten. Man schaffte den Kranken an die Straße in der Hoffnung, dass mitten in der Nacht noch ein Auto vorbeikäme. Aber es vergingen Stunden. So wurde es Morgen bis ein Fahrzeug vorbeikam, ihn auflud und im 25 Kilometer entfernten Hospital ablieferte.

Ganz verzweifelt schaute er mich an als ich an sein Bett trat. Seine erste Frage lautete: »Wer soll jetzt das Krankenhaus bezahlen?« Natürlich hatte er kein Geld, aber ich konnte ihn beruhigen. Das Schlangengift entfaltete seine grausame Wirkung. Als Erstes kam es zu Nierenversagen. Der Körper schied nichts mehr aus, eine Dialyse gab es damals noch nicht. So begann mit vielerlei Medikamenten der Kampf um sein Leben. Als nach einigen Tagen der Urin, wenn auch tröpfchenweise, wieder floss, keimte Hoffnung auf. Freudestrahlend hielt Karl mir nach einigen Tagen die dafür verwendete Weinflasche mit der Freudenbotschaft entgegen: »Es kommt schon ein Viertelliter!« Jetzt besserte sich sein Zustand von Tag zu Tag. Man sprach bereits von der baldigen Entlassung. Da versagte am achtzehnten Tag plötzlich sein Herz. Ein Schwager zimmerte aus rohen Brettern einen Sarg und wir begruben Karl, auch jetzt unter der brennenden Sonne, fern seiner Heimat. »Auferstehn, ja auferstehn wirst du, mein Staub.« So ist er in seiner endgültigen Heimat angekommen. Aber mir war, als hätte ich wieder ein Stückchen Heimat verloren.

»Kennt ihr das Land in deutschen Gauen …?«

… das schönste dort am Neckarstrand?
Die grünen Rebenhügel schauen
ins Tal von hoher Felsenwand.

Es ist das Land, das mich gebar,
wo meiner Väter Wiege stand.
Drum sing' ich heut' und immerdar:
Das schöne Schwaben ist mein Heimatland.[13]

So beginnt ein Lied, das man wohl als die Nationalhymne der Württemberger bezeichnen könnte.

Württemberg – in der Geschichte ist sein Name erstmals genannt um 1080 im Zusammenhang mit dem Namen *Conradus de Wirtinisberc* genannt. Er war der Erbauer der Stammburg (Wirtemberg) auf dem sogenannten Rotenberg bei Stuttgart.

Dieser Berg, von der heutigen Landeshauptstadt Stuttgart und Umgebung weithin sichtbar in der Landschaft liegend, ist eine mit Weinbergen bewachsene Bergkuppe mit einer beeindruckenden Kapelle. Auf dem sich anschließenden Höhenrücken liegt das kleine Winzerdorf Rotenberg. Seine Bewohner waren schon immer Wein- und Gemüsebauern, die ihre mit viel Mühe und Schweiß geernteten Produkte auf den Wochenmärkten der Umgebung verkauften.

Unter diesen alteingesessenen Weingärtnern gab es so manches Original. Eines davon war Wilhelm (geb. 1872). Sehr pfiffig, gar nicht dumm, nur mit der Arbeit hatte er nicht viel im Sinn. Er galt im Dorf als Wichtigtuer, der immer alles besser wusste. Deshalb hatte er auch den Spitznamen *der Papst*.

Er fühlte sich zweifellos zu Höherem berufen, jede Enge und Spießbürgerlichkeit war ihm ein Gräuel. So schnürte er mit 19 Jahren sein Bündel und wanderte 1891 nach Brasilien aus.

Reisekoffer, um 1900

Wenige Jahre später heiratete er dort Anna, aus Ostpreußen eingewandert. Sie war dort nur eine einfache Magd gewesen und hatte (zu ihrem Glück oder Unglück?) das Dienen und Gehorchen ohne jede Widerrede gelernt. Dies war auch die Grundvoraussetzung, ohne die sie ein langes Leben mit Wilhelm nicht ausgehalten hätte.

Wie von der brasilianischen Regierung allen Einwanderern versprochen, bekam auch Wilhelm ein Stück Land übereignet. Es lag an den steilen, steinigen Berghängen im Süden des Landes und Wilhelm musste feststellen, dass hier die Arbeit noch härter war als im heimatlichen Weinberg. So spannte er eines Tages (wohl um das Jahr 1904) seine Ochsen vor den Wagen, setzte sich mit Frau und Kindern obendrauf und rumpelte los. Ziel war das Nachbarland

Argentinien, von dem man die reinsten Wunderdinge erfahren hatte: Riesiger Weizenanbau mit Rekordernten auf den fruchtbaren Pampas, und dies bereits mit Maschinen.

Wie lange die Familie auf dieser langen Reise unterwegs war, konnte ich nicht erfahren. Aber man kam irgendwann in Argentinien an und konnte während der Erntezeit als Saisonarbeiter gutes Geld verdienen. Nur hielt es Wilhelm nirgends lange aus. Irgendwann zog er weiter. Erst in die Provinz Rio Negro, wo man im Obstbau arbeitete, dann nach Mendoza, dem größten Weinanbaugebiet Argentiniens. 1915 hörte Wilhelm von der im Norden liegenden Provinz Misiones, dass große Urwaldgebiete erschlossen werden sollten und man dafür geeignete Bauern (Kolonisten) suchen würde. Wieder wurde gewandert, Wilhelms arme Frau wurde nie gefragt und musste so *nebenbei* 13 Kinder (!!) zur Welt bringen, wovon drei allerdings bald starben.

Jetzt begann mitten im Urwald von Misiones ein neues Leben. Zuerst wurden einige Baumstämme geschlagen und in den Boden gerammt, ein Dach aus Zweigen und Palmwedeln darüber festgezurrt und in der Höhe von zweieinhalb Metern ein Etagenboden aus rohen Brettern angebracht. Dort schlief die Familie wegen der Schlangen, aber auch nachdem schon in den ersten Tagen ihr angebundenes Pferd von einem Jaguar gerissen worden war. Von dieser hohen Warte konnte die Familie dann auch beobachten (die Kleinen mit einer Riesenangst), wie die gefährliche Raubkatze nachts herbeischlich und den Rest der Abendmahlzeit, gelber Maisbrei, aus dem eisernen Kochtopf schleckte.

Die Familie teilte das erbarmungslose Schicksal aller Urwaldpioniere: Mit Säge und Axt unter glühender Sonne von Sonnenaufgang bis Sonnenuntergang galt es, Frei- und Grasland zu schaffen: für eine Milchkuh, für Mais zum Eigenbedarf (man backte daraus Brot), aber auch als Futter für die Schweine und Hühner. Aus den Baumstämmen wurden in mühsamer tagelanger Arbeit die Bretter gesägt, die man zum Bau eines Wohnschuppens benötigte. Schon die Kleinkinder mussten mithelfen und anpacken. Zeit zum Spielen blieb nicht. Deswegen konnten sie auch nur unregelmäßig die kleine Schule besuchen, die in Form einer Bretterhütte erst nach einem langen Fußmarsch durch den Urwald zu erreichen war. Dort versuchte dann irgendein Landsmann aus Deutschland, ihnen das Lesen und Schreiben beizubringen. Die Bezahlung bestand in der Regel aus Milch, Hühnern, Eiern oder Schweinefett.

Wilhelms acht Söhne wurden zu anspruchslosen, gehorsamen Arbeitern erzogen, das absolute Kommando hatte *der Papst*. Aber die Jahre vergingen und die Jungen waren zu Männern herangereift. Da meinte der Alte, dass es für sie an der Zeit sein würde, eine eigene Familie zu gründen. Aber woher sollten diese eingeschüchterten und zum Teil sehr unselbstständigen Waldmenschen Frauen herbekommen? Wilhelm fand auch hier eine Lösung.

Er setzte sich an den Tisch und schrieb einen langen Brief in die Heimat mit der Bitte an Verwandtschaft und Freunde, man möge doch nach vier ledigen Mädchen aus dem Schwabenland suchen. Das blütenreiche Misiones sei das reinste Paradies. Die Orangen würden wild im Wald wachsen, die Rehe könne man aus dem Stubenfenster schießen, es gäbe keinen Schnee, keine eiskalten Winter, dafür aber immer einen strahlenden, blauen Himmel.

Tatsächlich wurden vier Jungfrauen gefunden. Sofort nach Erhalt dieser großartigen Nachricht baute der Alte für die zukünftigen Ehepaare ein Haus. Es war ein langer Bretterschuppen mit fünf Abteilen. Jedes Paar bekam sein Abteil, sprich Zimmer, das fünfte Zimmer war die Gemeinschaftsküche. Darin stand der übliche Holzfeuerherd, dessen Kamin durch die Bretterwald ins Freie ging. Die Fenster hatten wie üblich kein Glas. Es gab nur Bretterläden.

Groß war verständlicherweise die Spannung der Ehekandidaten. Welches der vier Mädchen würde die eigene Ehefrau werden? Aber auch dieser Sorge wurden sie enthoben. Wilhelm entschied kurz und ohne Widerrede: »Du nimmst die, du die, du die ... und du die letzte.« Und so geschah es dann auch.

Dann wurde eine gemeinsame Hochzeit organisiert nach dem Motto: »Im Großen geht's billiger!« (siehe Bild unten) Damit begann der harte Alltag. Jedes Paar schlief in seinem eigenen Abteil, gegessen wurde gemeinsam, aber keiner der vier jungen Frauen wurde es langweilig. Wilhelm teilte sie im wöchentlichen Wechsel zur Arbeit ein. Eine arbeitete auf dem Feld, die andere kochte, die dritte übernahm den Garten und die vierte wusch die Wäsche am Bach – und das jeweils für die ganze Großfamilie (mindestens 20 Personen).

Vierfache Hochzeit

Erstaunlicherweise waren beinahe alle Nachkommen von Wilhelm sehr musikalisch. So ersparten sie sich im Lauf der Jahre Instrumente wie Geige, Zither, Mundharmonika, Gitarre und Flöte und spielten jeden Sonntagnachmittag zusammen. Die Frauen und heranwachsenden Kinder sangen dazu. Das war die Zeit, als ich diese Großfamilie kennenlernte. Was konnte ich da für Lieder aus längst vergangenen Tagen hören: »Ich bin ein deutscher Knabe und hab die Heimat lieb«; »Hinaus in die Ferne«; »Es braust ein Ruf wie Donnerhall«; »Ich hab mich ergeben«; »Ich hatt' einen Kameraden«; »Wie die Blümlein draußen zittern«; »Früh, wenn die Hähne krähn«...Wilhelm, selbst ein guter Sänger, hatte dieses alte deutsche Liedgut ins ferne Land mitgenommen und seinen vielen Kindern beigebracht. Mich packte immer ein sehr eigenartiges Gefühl, wenn sie zu singen anfingen. Dies geschah sofort mehrstimmig und mit einer Inbrunst, die mir zu Herzen ging. Ich wäre dann am liebsten bei ihnen geblieben.

Wie es weiterging? Es kamen im Lauf der Jahre viele Kinder und damit auch der natürliche Wunsch jeder Familie, unabhängig und selbstständig zu werden. So erwarben sie sich ein bescheidenes Stück Urwaldland und lebten dort einfach und arm, aber immer zufrieden.

Ich habe sie alle gut gekannt. Die Ehen blieben, mit einer Ausnahme, doch irgendwie stabil und glücklich. Die zahlreiche Nachkommenschaft sorgte dafür, dass die Erinnerung an Wilhelm (gestorben 1956) nicht verloren ging. Er war übrigens der Vetter meiner Großmutter!

Für die zahlreichen Nachkommen mag – wie es im Märchen heißt – gelten: »Und wenn sie nicht gestorben sind, dann leben sie noch heute!«

»Adieu, mein kleiner Gardeoffizier...«

Wenn sie mit ihren 85 Jahren diesen Schlager aus der Kaiserzeit vor sich hin trällerte und verzückt die Augen verdrehte, dann war sie in Hochstimmung. Es war ratsam, sich schnell einen wackligen Stuhl zu schnappen und sich neben sie zu setzen. Denn jetzt galt: *zuhören, immer nur zuhören.*

Frau von B. kam aus vornehmem Hause, ihr Onkel war ein damals bekannter Berliner Hof- und Domprediger. Sie selbst wurde Schauspielerin und gehörte damals zu den Großen ihres Faches. Von ihrer einstigen Schönheit war immer noch etwas zu erahnen. Sie spielte als Partnerin des weltberühmten Schauspielers Josef Kainz am Deutschen Theater Berlin. Gastspiele in vielen Ländern und

Kulturzentren wie Paris, London und Petersburg hatten auch sie berühmt gemacht. So konnte sie nicht nur ein sorgenfreies, sondern ein geradezu prunkvolles Leben führen. »Ach wissen Sie, diese Feste am Zarenhof! Einmalig! Da wurden die leeren Wodkagläser hinter sich oder in den nächsten Spiegel geworfen!«

Sie heiratete einen bekannten Regisseur. Doch die Ehe war nicht von Dauer. Frau von B. blieb mit einem Sohn zurück. Dann kam der Zweite Weltkrieg. Hab, Haus und Gut gingen in Berlin in den Flammen unter, ebenso die Goldaktien aus der Zeit Friedrichs des Großen.

Frau von B.s Sohn war beruflich ebenfalls ins Theaterfach eingestiegen. Durch besondere Beziehungen bekam er eines Tages ein Angebot aus Argentinien, sodass sie ins Land der Gauchos eingewandert waren. Aber die Sache ging schief, der Sohn entsprach nicht den Erwartungen des Vertragspartners. Sie verarmten in kürzester Zeit komplett und landeten völlig mittellos in einer billigen Absteige. »Ach wie bald schwinden Schönheit und Gestalt!«

Jetzt saß sie im Altersheim unserer lutherischen Kirche, in dem ich mich, neben dem Studium der Theologie, als *Mädchen für alles* zu betätigen hatte. Ob es galt, die verstopften Klosettrohre wieder in Ordnung zu bringen, die aufdringlichen Ratten in der Speisekammer zu schießen oder die Verstorbenen in einen rohen Brettersarg zu zwängen, weil die Größe nicht stimmte! Es gab nichts, was ich nicht zu meistern hatte.

Die Stadt Wien setzte Josef Kainz (1858–1910) im Stadtteil Währig ein Denkmal

Das Heim selbst beherbergte um die zwanzig Bewohner aller Nationen. Die kirchliche Gründung des Heims ging auf das Jahr 1942 zurück, als man den mittellosen, einsamen und von der Gesellschaft abgeschriebenen Emigranten eine letzte Zuflucht bieten wollte. Ursprünglich nur ein ebenerdiges Familienhaus, baute man immer wieder ein Zimmerchen an. Das Dach war aus Wellblech, die Küche hatte kein Fenster, Licht fiel nur durch die geöffnete Tür, die den Hof führte. Außer einer einzigen Toilette gab es keine sanitären Einrichtungen. Ein Vergleich mit Deutschland war undenkbar.

Frau von B. wohnte in einem Zimmer mit drei weiteren Bewohnern. Die vier alten Eisenbetten standen so eng nebeneinander, dass kaum ein Durchgang möglich war.

Sehr bald erkannte unsere Schauspielerin in mir einen Helfer in allen Nöten. Wenn das Nachttisch-Lämpchen einen Kurzschluss hatte, ihre Schuhbändel aufgegangen waren (sie konnte sich nicht mehr bücken) oder gar der Rücken so gewaltig juckte, dass es zu kratzen galt, rief sie nach mir. Oft saß sie stumm und regungslos im Garten und starrte in den Himmel. Aber plötzlich konnte sie auch aufstehen und mit zitternder Stimme laut eine Rolle deklamieren. So wie einst auf den großen Bühnen der Welt.

Kam Frau von B. auf den großen Kainz zu sprechen, verklärten sich ihre Augen. Und schon konnte sie begeistert aus Hamlet vortragen:

Mitarbeiter des Altenheims vor der Küche

Er war ein Mann, nehmt alles nur in allem;
ich werde nimmer seinesgleichen sehn.

Der etwas abseits sitzende alte Jakob, ein ehemaliger Kuhbauer aus Wolynien, konnte dann vielsagend mit dem Finger an seine Stirn tippen, was so viel heißen sollte wie: »Die Alte ist verrückt!«

Einmal hatte ich den Gang gekalkt und stieg, von oben bis unten bekleckert, von meiner Leiter. Da kam sie auf mich zu, packte mich am Oberarm und rief absolut bühnenreif:

»Oooooh, dieser Mann, wiiiiie bin ich in ihn verliebt!«

Schnell blickte ich mich um, ob es hoffentlich keiner der anderen Alten gehört hatte! Natürlich bestand bei unserem Altersunterschied von fünfzig Jahren keine Gefahr mehr. Trotzdem war ich ein bisschen stolz. Denn wer bekommt schon eine Liebeserklärung von einer Diva!

Nach meinem Weggang vom Heim verlor ich Frau von B. aus den Augen. Ob sie im Heim verstorben ist, ob man dafür auf dem Rathaus wie üblich eine kostenlose Armeleute-Bretterkiste beantragt hatte? Diese wurde dann, wie ich in Erfahrung gebracht habe, nach der Beerdigung von den Totengräbern wieder für den nächsten Todesfall zum Rathaus zurückgebracht, während man die Leiche irgendwo am Friedhofsrand verscharrt hatte. Ich weiß es nicht. So sind auch die Spuren dieser einst so berühmten Künstlerin verweht. Das am südlichen Sternenhimmel stehende *Kreuz des Südens* leuchtet aber auch über ihrem Grab als Zeichen des Friedens und der Hoffnung auch für die Heimatlosen.

»... ins Land der Franken fahren«

In der Nähe von Nürnberg liegt das malerische Städtchen Neuendettelsau. Es wurde, zumindest im bayerisch-protestantischen Umfeld, durch ein Diakonissenmutterhaus und eine theologische Ausbildungsstätte bekannt. Einer der Rektoren war der Theologe Hermann Bezzel (1861–1917), ein Mann mit großer Reputation und einem bedeutenden Wissen.

Sehr aktiv und von großem Missionseifer erfüllt, predigte er sehr oft sonntags in der näheren und weiteren Umgebung. Weil es damals noch keine Autos gab, fuhr er mit einer Pferdekutsche oder besser gesagt: er ließ sich fahren. Sein Kutscher war ein junger Bursche aus dem Dorf, Karl. Aus bescheidenen, kleinbäuerlichen Verhältnissen kommend, lernte er das Schlosserhandwerk. Doch auch ihn packte in den Zwanzigerjahren das *Auswandererfieber* nach dem Traumland Amerika. Karl war ledig und sein gespartes Kapital reichte gerade für die Schiffsreise. Als Zielland wählte er Paraguay. Dieses hatte durch seine beinahe jährlichen Revolutionen traurige Berühmtheit erlangt, man bezeichnete es daher auch als *Banditenland*.

In der bereits existierenden Kolonie deutscher Auswanderer *Independencia* fasste Karl Fuß und erwarb sich im Lauf der Jahre ein bescheidenes landwirtschaftliches Anwesen.

Irgendwann heiratete er eine Paraguayerin und es kamen Kinder. Aber auch ihn traf das Los vieler Mischehen. Europäische Einwanderer, auch *Gringos* genannt, waren bei den weiblichen Landeskindern sehr begehrt. Zeichneten sie sich doch in der Regel durch Arbeitseifer und Fleiß aus. Eine Heirat mit einem *Gringo* versprach eine gute Lebensabsicherung. Und dies galt nicht nur für die Frau selbst, denn der *Gringo* hatte gleichzeitig auch immer ihre ganze Großfamilie mitgeheiratet.

Hatte er zum Beispiel Mais angebaut, damit ein Schwein gemästet und eines Tages auch geschlachtet werden könnte, dann wurde das rechtzeitig dem gesamten Familienclan mitgeteilt. Schwiegereltern, Geschwister, Schwäger und Tanten kamen dann oft von weither angereist. Man half am Schlachttag gerne mit, aber dann wurde auch gefeiert. Die Korbflasche mit dem günstigen Landwein stand immer griffbereit. So war es gut möglich, dass die ganze Gesellschaft drei Tage beim Gastgeber verweilte und erst nach Hause ging, wenn von dem Schwein nicht mehr viel übrig war. Die Übernachtung war dabei kein Problem, man schlief im Haus auf dem Boden oder auch im nebenan liegenden Geräteschuppen.

Im Krankheitsfall lief es ähnlich ab: Traf es die Eltern oder Geschwister der Frau, dann war ganz selbstverständlich der *Gringo* mit der Begleichung der Reiseunkosten zur Hauptstadt, der Bezahlung von Unterkunft, Ärzten oder Operationen gefordert. Aber weil auch der *Gringo* weder Bankkonto noch Bargeld besaß, musste er etwas verkaufen – eine Kuh, ein Pferd oder gar sein ganzes Bauernwerk.

So ähnlich erging es auch unserem Karl. Er kam nie über seine Armseligkeit hinaus. Als dann seine Frau starb, wirtschaftete er mit einem erwachsenen Sohn weiter. Als dieser aber eines schönen Tages eine Frau ins Haus brachte, sollte der alte Karl verschwinden. Täglich gab es Zank und Streit. Aber wohin sollte Karl? Schließlich wollte der Sohn die Angelegenheit auf seine Art klären und griff zur Machete (Buschmesser). Karl überlebte wie durch ein Wunder schwer verletzt.

So stand er eines Tages, nach einer Reise von 300 Kilometern, vor der Tür unseres Pfarrhauses in Hohenau und bat um eine Unterkunft. Mit einem Winkel im Schuppen und einem Strohsack würde er zufrieden sein.

Ich hörte mir Karls Geschichte an und wägte misstrauisch ab, da es nicht das erste Mal war, dass ein mir unbekannter Bittsteller mich belogen und betrogen hat. Aber dieser Mann hatte so ehrliche und treuherzige Augen. Als er dann noch sein zusammengeflicktes Hemd auszog und mir Brust und Rücken zeigte, packte mich das Entsetzen: Tiefe, breite, bis zu dreißig Zentimeter lange Narben waren zu sehen. Da musste ein wahres Massaker stattgefunden haben.

Wir räumten in der Waschküche des Internats eine Ecke frei, stellten ein Bett mit sauberer Bettwäsche auf. So fand Karl nochmals ein Zuhause. Auch für ihn konnten wir Versicherungsansprüche in

Deutschland geltend machen, sodass er eine kleine Rente bekam. Das war für beide Teile eine Freude.

Sogar seinem Hobby konnte Karl wieder frönen: Zufrieden paffend saß er vor seinem Zimmerchen und qualmte die billigen paraguayischen Zigarren in die Landschaft.

Karls Sohn war wohl nur für kurze Zeit ins Gefängnis gekommen. Eine Morgengabe in Form einer Kuh oder wenigsten eines Kastens Bier hatten den Polizeikommissar veranlasst, beim Richter ein gutes Wort einzulegen.

Bei meinem Weggang von Hohenau (Paraguay) 1977 sahen wir uns zum letzten Mal. Karl ruht auf dem dortigen Friedhof, fern seiner Heimat, dem schönen Frankenland.

»Wem Gott will rechte Gunst erweisen ...«

»... den schickt er in die weite Welt«, so dichtete einst der schlesische Romantiker Joseph Freiherr von Eichendorff (1788–1857) dieses muntere und bekannte Volkslied. Ich möchte glauben, dass sein Zuspruch so manchem noch unschlüssig verharrenden Auswanderungskandidaten dazu den letzten Anstoß gegeben hat. Denn mit Gottes Gunst kann ja wohl nichts mehr schiefgehen, zumal dem Wanderer in dieser weiten Welt noch zusätzlich seine Wunder zugewiesen werden sollen. Also hieß die Parole: »Nichts wie los!«

Das Wunschdenken ging in Erfüllung. Der Auswanderer landete in der weiten Welt und auch Wunder hat er erlebt. Nur oft nicht so, wie er sich das gedacht hatte. Denn: »Der Mensch denkt und Gott lenkt!«

Ich war von 1959 bis 1963 Pfarrer in Posadas, der Hauptstadt der argentinischen Provinz Misiones, im Nordosten des Landes. Posadas ist gleichzeitig Grenzstadt zu Paraguay, dazwischen liegt nur der mächtige Fluss *Alto Parana*. Auch die brasilianische Grenze erreichte man von dort aus in einer guten Autostunde.

Das bedeutete, dass es sehr viel Durchreiseverkehr gab. Dabei drückte so mancher die Klingel unseres Pfarrhauses. Meist waren es solche, die Rat oder auch Hilfe suchten. Darunter immer wieder auch *Brüder der Landstraße*. Sie erzählten meist mit bewegender Stimme, dass man ihnen das Geld, den Pass oder die Fahrkarte zur Weiterreise gestohlen hätte. Oder sie benötigten dringend Geld zum Kauf einer lebensrettenden Arznei, einer Brille für die halb blinden Augen oder schlicht für Brot oder Schuhwerk oder sonst etwas. Es wurde nach Strich und Faden gelogen. Wenn das Pfarrhaus Balken gehabt hätte, hätten die sich, wie der Volksmund sagt, wohl gebogen.

Eines Tages läutete es wieder an der Haustür. Vor mir stand ein hochgewachsener Mann Mitte vierzig. Der Kleidung nach war es ein *Bruder der Landstraße*. Er verlangte den Herrn Pfarrer zu sprechen. Als ich mich als solcher zu erkennen gab, packte er blitzschnell nach meiner Hand, riss sie in die Höhe, schob sie in seinen Haarschopf und rief: »Hier, spüren Sie die Narbe? Kopfschuss!!!«

Ich war erschrocken und sprachlos, aber sofort öffnete er ebenso blitzartig mit der anderen Hand den Gürtel der Hose, schob meine Hand unters Hemd in den unteren Bauchbereich und rief: »Da, spüren Sie die Narbe? Bauchschuss – Infanterie Russland!« Als er sich darauf sehr vornehm verneigte und höflich mit »von Eichendorff« vorstellte, war ich mir sicher, es mit einem Verrückten zu tun zu haben. Jetzt war guter Rat teuer. Mit aller Vorsicht bat ich ihn herein, wir setzten uns und ich verlangte gewohnheitsgemäß seine Papiere. Eilfertig reichte er mir seinen deutschen Reisepass. Jetzt verschlug es mir die Sprache. Er hieß tatsächlich *von Eichendorff* und war ein Nachfahre dieses berühmten Romantikers. Überzeugend erzählte er mir, wie er im Zweiten Weltkrieg in Russland schwer verwundet worden war und jetzt völlig mittellos durch Südamerika reiste.

Seine Heimat Schlesien sei bekanntlich verloren, denn dort würden ja jetzt die Polen sitzen. In Deutschland fühle er sich nicht mehr wohl. Anschließend begann er fürchterlich über die unfähigen deutschen Politiker zu schimpfen, um dann schließlich zum Kern seines Besuches zu kommen: »Können Sie mir nicht die Busreise nach Porto Alegre in Brasilien ermöglichen?« In dieser Gegend Südbrasiliens gibt es viele deutschstämmige Nachfahren früherer Einwanderer, die ihren Ansiedlungen zum Teil auch deutsche Namen gaben: Blumenau oder Pommerode. Dort, so sagte mein Besucher, würde er sich dann niederlassen.

Dieses Reisegeld riss natürlich ein Loch in meine Kasse, aber wer konnte einem so berühmten Nachfahren schon einen Korb geben?

Einige Wochen später erhielt ich eine Postkarte aus Brasilien, auf der sich der Mann für die Hilfe bedankte. Auch dies war eine rühmliche Ausnahme. In tadellos gestochener Schrift war zu lesen:

Sehr geehrter Herr Pastor,
ich bin gut hier angekommen und möchte mich nochmals
für Ihre Hilfe bedanken.
Alles Scheiße!
von Eichendorff

Auch er zählte zu den vielen Verlorenen, die nicht dem Rat seines berühmten Vorfahren gefolgt waren. Nachzulesen in dessen Novelle »Aus dem Leben eines Taugenichts«:

Wer in die Fremde will wandern,
der muß mit der Liebsten gehn,
es jubeln und lassen die andern
den Fremden alleine stehn.[14]

Ein wahres Wort. Denn eine gute Lebenskameradin an der Seite und der Halt eines stabilen Familienlebens bewahrte so manchen Abenteurer vor dem Absturz. Und das ganz unabhängig davon, wie armselig oder erfolgreich das Leben verlief.

»Gott mit dir, du Land der Bayern ...«

... Heimaterde, Vaterland!
Über deinen weiten Gauen
walte deine Segenshand![15]

Alfons wuchs in der damaligen Kleinstadt Dingolfing in Bayern unter ärmlichen Verhältnissen auf. Schon als Bub musste er als Knecht beim Bauern arbeiten und mitverdienen, zu einer beruflichen Ausbildung reichte es in der Familie nicht.

Im Pubertätsalter wuchs auch bei ihm der Wille zur Selbstbehauptung. Er wollte doch auch jemand sein. So trat Alfons einem Verein bei, in dem man den typisch bayerischen Lederhosentanz, das *Schuhplattlern*, pflegte und auch erlernen konnte. Die damit verbundenen öffentlichen Auftritte waren Höhepunkte seines armseligen Daseins.

Als Alfons sechzehn Jahre alt war, wanderte sein Vater mit der Familie nach Paraguay aus. Denn die im Lied gepriesene Heimaterde verteilte ihren Segen sehr wählerisch und nicht für alle und jeden gleich. Deswegen gingen sie und suchten das Glück in der Fremde.

Der Anfang im Urwald war wie immer schwer und die Ernteerträge waren karg und äußerst unberechenbar. So litt man auch in der neuen Heimat Not. Alfons musste zusehen, wie er sich als Knecht oder Gelegenheitsarbeiter verdingte. Nach einigen Jahren wollte auch er eine Familie gründen und suchte nach einer Frau. Aber das war aus zwei Gründen nicht leicht: Erstens war er ein armer Kerl ohne jeden Besitz. Zweitens war er dazu auch noch ein kleines, unscheinbares Kerlchen, das kein Mädchen vom Hocker riss. Aber schließlich fand Alfons doch noch eine Frau. Sie hatte allerdings einen übermäßig großen Kropf, der sie sehr entstellte. Aber jetzt kochte ihm jemand den Maisbrei und flickte seine Hosen. Vier Jungen kamen zur Welt, aber zu einem eigenen Besitz kamen sie nie. So wohnten sie kürzere oder längere Zeit in den Schuppen oder alten, leer stehenden Wohnhütten ihrer zeitweiligen Arbeitgeber und verdienten sich ihr Brot. Es ging allerdings das Gerücht, dass sie nicht immer zur Arbeit aufgelegt seien, dafür aber einen besonderen Hang zum Alkohol hätten.

Dies war die Zeit, als Alfons eines Tages vor mir stand. Mit Tränen in den Augen bat er mich um Brot. Zwei Tage habe die Familie schon nichts mehr gegessen. Dabei schaute er so treuherzig, dass mir weh ums Herz wurde. Natürlich habe ich ihm geholfen und ab dieser Zeit war Alfons ein ständiger Gast im Pfarrhaus.

Zuerst fragte er dann immer nach einer Arbeit. Auf meine Frage, was er denn könne, meinte er, dass er sogar Maurer sei! Weil gerade der Bau einer Toilette in Form eines Plumpsklos anstand, erhielt Alfons den Auftrag. Viel konnte ja nicht schiefgehen. Natürlich konnte ich seine Bitte um einen kleinen Vorschuss nicht abschlagen. So kam er am folgenden Tage stolz in seinen ausgetretenen Schlappen anmarschiert und verlangte die nötigen Werkzeuge wie Kelle und Wasserwaage. Ein Lot sei nicht nötig, da wollte er ein Stück altes Eisen nehmen. Da wir leider einen Tageslohn ausgehandelt hatten, ging die Arbeit nur äußerst langsam voran. Es eilte Alfons überhaupt nicht, denn jeder neue Tag brachte neues Geld. Als dann das WC-Häuschen fertig war, stellte ich auch ohne Wasserwaage fest, dass etwas schief geraten war – nämlich die Wände. Als ich Alfons darauf aufmerksam machte, wehrte er lächelnd ab. Wie sagt ein italienisches Sprichwort: »Dem Genie, dem das Lächeln fehlt, fehlt ein Flügel!« So lächelte ich eben auch mit.

Ein anderes Mal strich Alfons die Dachrinne des Pfarrhauses mit roter Ölfarbe. Ich hatte eine Beerdigung zu halten und wollte noch schnell in der neben dem Pfarrhaus liegenden Kirche ein Gesangbuch holen. Als Alfons mich oben auf der Leiter stehend sah, beschleunigte er seine Streicherei derart, dass nicht nur mein Haarschopf starke Spritzer von der roten Farbe abbekam, sondern auch mein weißes bestes Sonntagshemd. Die Farbe war nicht mehr zu entfernen, das Hemd war kaputt.

Wenn Alfons zum Betteln ins Pfarrhaus kam, erzählte er oft aus seiner Heimat. Da konnte es vorkommen, dass ich nach meinem Akkordeon und in die Tasten griff. »Alfons, auf geht's, ein Schuhplattler!« *Ta-ta-ta-ta* – und schon hüpfte er herum und schlug sich klatschend auf die Schenkel. Aber schnell ging ihm die Luft aus und traurig meinte er, dass es eben nicht mehr so wie früher sei.

Alfons mit meinem Hut

Wir bekamen öfters Pakete mit Kleidung aus zweiter Hand aus Deutschland. Da wir keine großen Gehälter bezogen, bediente auch ich mich aus diesem Fundus. Meinte aber meine Frau, dass ich mich mit der Hose oder Jacke nicht mehr sehen lassen konnte, dann war Alfons immer ein dankbarer Abnehmer.

Einmal suchte ich tagelang nach meinem Hut, über den sich meine Kollegen schon lustig gemacht hatten. Da kam Alfons und hatte ihn auf dem Kopf. Auf meine Frage, wie er denn dazu komme, meinte er: »Die Frau Pastor hat ihn mir geschenkt!« So fand der alte Hut seinen würdigen Nachfolger.

Einmal am Heiligen Abend stand Alfons am Vormittag bei brütender hochsommerlicher Hitze weinend vor mir und bat um eine Arznei gegen Fieber. Sein achtzehnjähriger Sohn Carlos lag bereits einige Tage im Bett, hatte hohes Fieber und erbrach sich ständig. Das sah böse aus, da war mit Aspirin allein nichts geholfen. Rasch packte ich Alfons ins Auto und fuhr mit ihm zu Carlos. Aber als ich den Jungen in der heißen Bretterhütte auf seiner durchgelegenen Maisstrohmatratze liegen sah, komplett abgemagert und bereits mit weißem Schaum vor dem Mund, schleppten wir ihn ins Auto und fuhren ins nächste Krankenhaus. Alfons jammerte, dass er kein Geld habe, doch da konnte ich ihn beruhigen. Wir kamen in letzter Minute, wie uns die Ärzte bestätigten. Der Befund lautete: schwere doppelseitige Lungen- und Rippenfellentzündung bei totaler Unterernährung.

Der Junge kam mit dem Leben davon. Nach seiner Entlassung galt es allerdings noch für einige Zeit Lebensmittel anzuliefern, denn der Alfons selbst, inzwischen weit über 60 Jahre alt, konnte nicht mehr arbeiten. Das veranlasste mich, bei der Deutschen Botschaft in Asuncion Sozialhilfe für Alfons zu beantragen, die nach einer längeren Wartezeit auch genehmigt wurde.

Als ich Alfons, auf einem Holzklotz sitzend, die frohe Botschaft verkündete, dass er 100 DM monatlich erhalten würde, ging ein Strahlen über sein Gesicht. Denn mit dieser *Pension*, wie er es nannte, sei die Familie lebenslang abgesichert. Die alte Heimat hatte ihn also doch nicht vergessen! Er wollte mich dann sofort zu einem Festessen einladen. Aber ich lehnte dankend ab. Denn der Anblick der verbeulten Blechteller und der rußgeschwärzten Kochgeräte, ehemalige Büchsen für Motorenöl, förderte nicht gerade meinen Appetit.

Leider konnte sich Alfons nicht mehr allzu lange über seine *Pension* freuen. Eines Tages fand man ihn tot auf unserem Kirchengelände. Er lag im Gras wie bei einem Mittagsschläfchen. Über sich den blauen Himmel und weiße ziehende Wolken. Weiß-Blau – die Landesfarben von Bayern.

Am Ende ist seine arme Seele mitgezogen dahin, von wo sie einmal herkam und wo es ihm nicht vergönnt war, an den Segnungen teilzuhaben, die die Bayernhymne versprach:

Frohe Arbeit, frohes Feiern,
reiche Ernte jedem Gau,
Gott mit dir, du Land der Bayern,
unterm Himmel weiß und blau![16]

»Land der dunklen Wälder ...«

... und kristallnen Seen,
über weite Felder
lichte Wunder gehn.[17]

So lautet das Heimatlied der Ostpreußen. Unabhängig von seiner wechselhaften Geschichte ist Ostpreußen ein Land der Weite und Stille. Es wirkt wie von zarten Schleiern, in Melancholie und lichten Wundern eingehüllt. Auch seine Menschen sind so geraten. Schweigsam und ohne viele Worte, dem Rauschen der Kurischen Nehrung und dem Vogelzug in den Lüften tiefsinnig lauschend. Aber ebenso sind die Ostpreußen unermüdlich arbeitend, weil das weite Land mit seinen fruchtbaren Äckern, dunklen Wäldern und stillen Masuren-Seen auch den letzten Tropfen Schweiß fordert. Große Rittergüter gaben dem einfachen Landvolk Arbeit und Brot. Wer konnte, studierte in der Hauptstadt Königsberg an der Albertus-Universität, deren berühmtester Rektor der Philosoph Immanuel Kant war.

Aber das war nicht der Weg von Gustav, der 1900 in Neidenburg zur Welt kam. Sein Vater verließ schon bald die Familie und ging als Bergmann ins Ruhrgebiet, ohne jemals wieder etwas von sich hören zu lassen. So wuchs der Gustav in ärmlichen Verhältnissen mit einigen Geschwistern unter der Obhut seiner Mutter auf. Sie hielt die Familie mit Nähen und Putzen über Wasser.

Nach der Schulzeit bekam Gustav eine Lehrstelle in einer Kolonialwarenhandlung (Lebensmittelgeschäft). Hier bestand seine Hauptbeschäftigung darin, wie er mir einmal lachend erzählte, die Kunden mit Salzheringen zu bedienen. Salzheringe waren das Brot des armen Mannes. Sie kosteten wenige Pfennige und wurden von der Fischfabrik in großen Holzfässern angeliefert.

Nicht auf den Kopf gefallen, schaffte Gustav nach drei Jahren die Handlungsgehilfen-Prüfung und wurde zum Ende des Ersten Weltkriegs noch Soldat.

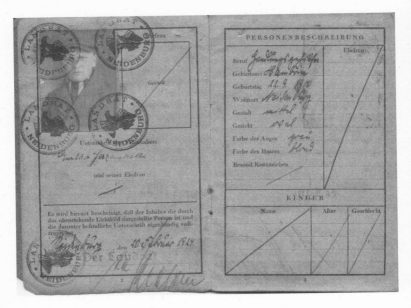

Auswandererpass von Gustav

Der verlorene Krieg brachte den Deutschen bekanntlich Not und Elend. Deshalb beschloss Gustav auszuwandern. Das riesengroße Land Argentinien suchte europäische Einwanderer und warb, gerade auch in Deutschland, mit den Versprechungen von kostenlosem Land und günstigen Krediten.

Nachdem Gustav sich die Schiffspassage zusammengespart und die geforderten Unbedenklichkeitsbescheinigungen von Landratsamt und Polizei in Händen hatte, stach er im Februar 1924 von Bremen aus in See.

Auch ihn lockte das *weiße Gold* in den Chaco und auch er erhielt nahe der Stadt Charata sein Grundstück zugewiesen. 100 Hektar, das Minimum zum Leben in dieser regenarmen, verlassenen Buschgegend. Dann folgten die üblichen harten Anfangsjahre. Ohne Kapital, die Arbeitsmittel wie Pflug, Wagen und Pferde auf Kredit gekauft, dazu viele Missernten wegen Dürre, Heuschrecken und Ameisen.

Dazu war Gustav mutterseelenallein. Ohne eine Frau, die ihm zu Mittag, wenn er vom Acker heimkam, ein Essen auf den Tisch stellte. Ohne die treue Lebensgefährtin, die seine durchschwitzten Hemden und Hosen wusch oder wieder zusammenflickte! Als ich ihn einmal darauf ansprach, warum er denn nie geheiratet hätte, hatte er mir zur Antwort gegeben: »Ach wissen Sie, ich habe so armselig gelebt, dass ich das einer Frau einfach nicht zumuten konnte!« Er war ein grundanständiger Kerl.

Nachbarinnen aus Ostpreußen

So wurde Gustav zum Einsiedler. Bei den Nachbarn, darunter nicht wenige deutsche Einwanderer, galt er als ehrlich und immer hilfsbereit. Man lud ihn gerne zu den üblichen Geburtstags- oder Weihnachtsfeiern ein, kleine Lichtblicke auf der beschwerlichen Wegstrecke aller Auswanderer. Da gab es Käsekuchen nach heimatlicher Art; es wurden deutsche Volkslieder gesungen: »Im schönsten Wiesengrunde«, »Am Brunnen vor dem Tore« und wie sie alle heißen. Selbstverständlich durfte das Bier nicht fehlen. Wenn dann der eine oder andere Gast zu später Stunde etwas unsicher schwankend auf seinen Wagen kletterte – man hatte sich zum Abschied noch schnell ein Schnäpschen einverleibt – fanden die Pferde von allein den Weg nach Hause.

Erst 1988 lernte ich Gustav kennen. Wir waren nach meiner Pensionierung nach Argentinien zurückgekehrt und wollten hier unseren Lebensabend verbringen. Der Chaco hatte es mir angetan. Hier hatte ich einmal angefangen und hier war das Land so günstig zu haben, dass wir uns eine kleine Ranch kaufen konnten.

Weitere Nachbarn, eine ostpreußische Adelsfamilie

Nach unserem Einzug suchte ich unter anderem auch nach einem der früher üblichen Pferdewagen, die mit dem Einzug der Traktoren nicht mehr genutzt wurden. Nach einigem Herumfragen erfuhr ich, dass ein solcher Wagen noch bei *Don Gustavo* im Hof stehe und sicher zu kaufen sei. Ich ließ mir den Weg beschreiben, aber nur mit großen Schwierigkeiten fand ich den von Dornengestrüpp zugewachsenen Eingang auf sein Land. Dort grasten ein paar Milchkühe, eine Hühnerschar gackerte im Hof und ein kleiner Hund kam laut kläffend auf mich zugerannt. Dann kam Gustav aus seinem Häuschen, das aus nur zwei Zimmern mit Blechdach bestand. Bald neunzig Jahre alt, ein kleines, mageres Männchen, unrasiert, mit zusammengeflickter Hose und einem mit Stoffflicken vernähtem Hemd. Er begrüßte mich freudig als Landsmann in unverfälschtem ostpreußischen Dialekt und führte mich auch gleich zu dem Wagen, der so viele Jahre unbenützt bei Wind und Wetter im Freien gestanden hatte. Die Holzteile waren vermodert, sie mussten ersetzt werden. Doch die sehr stabilen Eisenteile von Unterbau und Achsen konnten noch gut verwendet werden. So beschloss ich den Kauf und bat um den Preis. Gustav überlegte nur kurz, dann kam sein

Angebot: »1 000 Pesos!« Das waren um die 20 DM. Ich wehrte mit der Bemerkung ab, dass dies zu wenig wäre. Ich würde das Doppelte bezahlen. Da blickte er mich böse an und stieß hervor: »Den Preis bestimme ich!«

Dagegen war nichts zu machen. Der Wagen wurde gekauft, als wir ihn abschleppten brach er bereits nach fünfzig Metern zusammen.

Aber damit begann eine Freundschaft, die bis zu seinem Tode 1996 dauern sollte. Wenn meine Frau Marianne einen Kuchen gebacken hatte, brachte ich gerne ein Stück zu *Don Gustavo*. Auch gebrauchte Kleidung und Wäsche, Schuhe und deutsche Messer fanden ihren dankbaren Abnehmer. Wenn ich kam, musste ich mich unbedingt immer setzen, denn dann begann er zu erzählen. So erfuhr ich nicht nur seine Lebensgeschichte, sondern auch, dass es ihn sehr beschwere und ärgere, dass ein begüterter Nachbar im Verbund mit einem Notar bereits im Startloch säße, nur auf seinen baldigen Tod wartend. Dann wollten sie sich die Mühe seines langen Lebens unter den Nagel rei-ßen. Da weder eine Familie noch sonstige Erben vorhanden waren, schien dies für die Spekulanten eine klare Sache.

So fasste ich den Entschluss, diesen Geiern das Futter zu versalzen. Als ich Gustav den Vorschlag machte, das Land auf Rentenbasis an mich zu überschreiben, ging ein Strahlen über sein Gesicht. Wie war er erleichtert! Mein Angebot, jetzt zu uns zu ziehen und mit uns zu leben, lehnte er jedoch dankend ab. Er wollte in seinem Haus bleiben. Aber weiterhin allein ging auch nicht mehr. So suchte ich eine junge Familie, die dort woh-nen und ihn betreuen sollte. Dazu wurde es nötig, das Häuschen zu vergrößern und für Gustav ein Wohn- und Schlafzimmer mit Toilette zu bauen. Ebenso sollte ein Anschluss an das 800 Meter entfernte elek-

Gustavo

trische Netz gelegt werden. Wir ließen Lebensmittel für Gustav ein-
kaufen, er bekam einen Kühlschrank, Arzt- und Arzneikosten, Brillen
und Hörgeräte wurden bezahlt. Gustav war gut versorgt. Da er, wie
fast alle Einwanderer, nie einer Renten- oder Krankenkasse angehört
hatte, war Gustav jetzt nicht mehr dazu verdammt, das bittere Los all
derer zu teilen, die im Alter ohne jede Versorgung und Absicherung
nur noch auf ihr Ende warteten. Natürlich hatten Viele für das Alter
mehr oder weniger angespart! Aber dann kamen die Inflationen und
vernichteten diese Spareinlagen.

Einmal erzählte mir Gustav begeistert von dem guten Limburger
Käse aus seiner Jugendzeit, der ihm immer so gut geschmeckt habe.
Da brachte ich ihm zu seiner großen Freude von meinem nächsten
Deutschlandurlaub eine Stange mit. Aber nur einmal. Trotz bes-
ter Verpackung roch man im Flugzeug die Anwesenheit des Käses,
sodass sich die Leute nach mir umdrehten.

Im Sommer 1996 verschlechterte sich Gustavs Gesundheitszu-
stand dermaßen, dass wir ihn in die Pflegeabteilung des Altenheimes
bringen mussten. Es war gerade um die Zeit, als eine fünfzig Personen starke Reisegruppe aus Deutschland zur Einweihung unserer
Siedlung Ulm angereist war. Sie waren gerne bereit, einen Besuch
bei Gustav zu machen. Ich hatte ihn vorher informiert und mitgeteilt, dass viele deutsche Landsleute zu Besuch in Charata seien,
die ihm einen Gruß aus der Heimat bringen und ihn kennenlernen
möchten. Sie standen Schlange und der sterbende Gustav in seiner
armseligen Bettstatt war überwältigt und musste weinen. Es war ein
letzter Liebesdienst, den man einem Heimatlosen erweisen konnte.
Gustav starb wenige Tage danach; wir haben ihn zusammen beerdigt.
Der zugewiesene Platz war hinten in der Ecke des Friedhofs, wo die
armen Leute liegen. Wo stacheliges Unkraut und bunte Wildblumen
ineinanderwuchern und gnädig ihren Mantel über alle ausbreiten,
ohne einen Unterschied zwischen reich und arm zu kennen.

Und nochmals Ostpreußen

Es war in den Siebzigerjahren in einem Familienhotel an der Atlantikküste, als mich meine Schwester, die Besitzerin, informierte, dass die Ehefrau eines Gastes krank im Bette liege und sich bestimmt freuen würde, wenn der Pastor einen Besuch bei ihr machen könnte. Gesagt, getan! Im Bett lag eine immer noch adrette Dame Mitte 50. Und sofort begann auch sie zu erzählen. Sie war die Tochter eines jüdischen Gutsbesitzers, der früher eine hohe Regierungsstelle in Ostpreußen bekleidet hatte. Im Wohlstand aufgewachsen, bekam sie die beste Schulbildung im Internat in Königsberg. Ins Mädchenalter gekommen, verliebte sie sich in einen jungen Soldaten der deutschen Wehrmacht. Sie erzählte mit wehmütigem Blick, wie sie oft am Ufer des Pregels gesessen und von der Zukunft geträumt hätten. Aber dann kam ein brutales, trauriges Ende. Es erging ihnen wie den zwei Königskindern im Volkslied: »Sie konnten zusammen nicht kommen, das Wasser war viel zu tief«. Es war nicht das Wasser des Pregels, sondern die Kluft des Rassenwahns der Nationalsozialisten, die so viel Unheil auch über ihre Welt gebracht hatten. Ihre Familie konnte noch in letzter Stunde emigrieren und landete in Argentinien.

Ihre Liebe zu Ostpreußen, der verlorenen Heimat, war aus allem, was sie mir erzählte, abzuspüren. Als sie dann noch anfing, über die schönen Lieder zu schwärmen, die sie so oft in der Jugendbewegung gesungen hätten, holte ich schnell mein Akkordeon, und wir sangen zusammen: »Kein schöner Land in dieser Zeit«, »Als ich gestern einsam ging«, »Wenn ich ein Vöglein wär«, aber auch die Stammlieder aus dem Osten: »Ännchen von Tharau«, »Es dunkelt schon in der Heide« und das Lied der Masuren »Zogen einst fünf wilde Schwäne«. Ach war das schön! Als ich das Zimmer verließ, hatten wir beide ein Stück Heimat erlebt.

Diese Frau hatte in Buenos Aires Jakob, einen ebenfalls emigrierten deutschen Juden aus einem Dorf in der Frankfurter Gegend, geheiratet. Auch er erzählte immer wieder von früher, wie er im dortigen Gesangverein begeistert mitgesungen hatte, wie ihm die Frau Pastor einmal eine Ohrfeige verpasst hatte, weil er als Jude in der Kirche nichts zu suchen hätte …

Einmal hatte Jakob später noch eine Erinnerungsreise nach Deutschland gemacht, aber es war ihm wie dem Sänger in dem Lied (das er mir dann vorsang) ergangen:

> Nach der Heimat kam ich wieder,
> alles hab ich mir besehn.
> Als ein Fremder auf und nieder
> mußt ich in den Straßen gehen.
> Die alten Straßen noch,
> die alten Häuser noch,
> die alten Freunde aber sind nicht mehr[18]

Ich beschaffte ihm dieses Lied und seine Frau teilte mir später mit, dass die Kassette den ganzen Tag im Gerät liefe und bald zu *glühen* anfangen würde.

»Pommerland ist abgebrannt …«

»… Maikäfer, flieg«, so sangen wir als Kinder, ohne zu wissen, wo diese ehemals preußische Ostseeprovinz lag. Wohl war aus dem Heimatlied »Wenn in stiller Stunde Träume mich umwehn« herauszuhören, dass es dort hellen Meeresstrand und düstre Waldreviere gab, in denen ungesehene Geister das Band von Liebe zur Heimat woben. Das klappte wohl gut, denn das heimliche Sehnen ins Pommernland, auch aus der Ferne, verlöschte nie.

Karl Witthaus aus Pommern war davon allerdings nichts anzumerken. Er war nicht nur sehr schweigsam, sondern ebenso zurückhaltend, was Gefühle anging. Der flüchtige Beobachter könnte ihn sehr leicht für stur gehalten haben. Wer ihn aber näher kannte, der wusste, dass er das nicht war.

Hochgewachsen, schon grau um die Schläfen, mit zielsicherem Gang, aber ungeheuer wachen Augen – so lernte ich ihn kennen als ich in den Jahren 1953 bis 1958 in Buenos Aires Theologie studierte. Er war unser Professor für Deutsch und Geschichte der Philosophie.

Karl Witthaus wurde, wenn ich mich recht erinnere, 1892 in Pommern als Sohn eines Gutsbesitzers geboren. Er studierte in Berlin Germanistik und Philosophie.

Im Ersten Weltkrieg diente er als Offizier der Infanterie. Nach Kriegsende heiratete er. Seine Frau war Professorin für Mathematik; in den unsicheren Zwanzigerjahren wanderten sie nach Argentinien aus.

Dort verdingte sich der pommersche Gutsbesitzersohn als *Mayordomo* (Gutsverwalter) auf einer großen Estancia in der Provinz Santa Fe. Vier Söhne wurden dem Ehepaar geboren; bei der Geburt des fünften Kindes verblutete die Frau, weil kein Arzt zur Stelle war. Auch das Kind starb.

Karl Witthaus hatte sehr an seiner Frau gehangen, er heiratete nicht mehr. So zog er die vier Buben allein auf. Er wechselte als Lehrer in Internatsschulen der deutschen Gemeinschaft, sparte sich dabei jeden Centavo vom Munde ab, um jedem seiner Buben eine akademische Ausbildung zu ermöglichen. Dies gelang ihm, sodass die begabten Söhne später in sehr hohe Regierungsstellen (Provinzgouverneure) kamen.

Ich selbst lernte Karl Witthaus als Student 1953 kennen. Der Lutherische Weltbund hatte damals die Notwendigkeit erkannt, eine Ausbildungsstätte für evangelische Theologen im spanischen Sprachraum Südamerikas zu schaffen. Man hatte das große Glück, einen Mann wie Karl Witthaus zu finden. Er verkörperte den klassischen Vertreter des Humanismus und der europäischen Geisteskultur. Zugleich war er aber auch ein hervorragender Kenner der südländischen Laisser-faire-Mentalität, aus deren Reihen die heimische Studentenschaft gewachsen war.

Professor Karl Witthaus (1. Reihe links)

Seine Vorlesungen zeigten ein hohes intellektuelles Niveau, waren aber ebenso verständlich und immer interessant. Unpünktlichkeit und jede Art von Schlamperei waren ihm ein Gräuel. Entsprechende Entgleisungen der Studenten quittierte er wortlos und mit einem resignierten Kopfschütteln, als ob er sagen wollte: »Da ist halt nichts zu machen!«

Er selbst war Frühaufsteher und saß bereits um sechs Uhr am Schreibtisch. Als Erster übersetzte er Luthers Werke aus dem Lateinischen und Deutschen ins Spanische. Ebenso finden wir seinen Namen in Langenscheidts Taschenwörterbuch Spanisch – Deutsch (4. Auflage, Berlin 1957).

Wenn ich eingangs schrieb, dass die lutherische Fakultät mit Karl Witthaus ein wahres Glückslos gezogen hatte, dann darf ich diesen Glücksfall auch für mich verbuchen. Saß ich doch vier Jahre neben ihm zum Essen am Tisch. Morgens, mittags und abends. Meistens aß er schweigend, stand nach Beendigung des Essens auf, verbeugte sich kurz und verließ den Saal. Aber je nach Laune redete er auch und gab Kommentare über Gott und die Welt ab. Seine Beurteilungen der Menschen, Pfarrer eingeschlossen, über Politik und ihre Vertreter waren hochinteressant. Da spitzte ich die Ohren, denn ich wusste, dass dieser Mann einen gesunden Menschenverstand, verbunden mit Wahrhaftigkeit und großem Wissen hatte. Als Humanist war er nie Nationalsozialist gewesen; als in Geschichte bewanderter Mensch sah er auch die Umstände, die Hitlers Aufstieg begünstigt hatten. Doch war ihm ganz klar: Das, was man uns im Dritten Reich eingepaukt hatte mit dem Spruch: »Du bist nichts – dein Volk ist alles!«, sei der größte Schwachsinn. Mit Recht habe Goethe dagegengehalten, wenn er im »west-östlichen Diwan die Suleika sagen lässt: ›Höchstes Glück der Erdenkinder ist doch die Persönlichkeit!‹«

Das Bewusstsein, »du bist nichts«, degradiere den Menschen zu einem Nichts, zu einer Nummer. Er bleibe willenloses Werkzeug derer, die ihm seine Seele und damit auch sein Gewissen genommen haben.

Bei Gesprächen über die Nürnberger Kriegsverbrecher-Prozesse (1945/46) war er besonders aufmerksam. Auf meinen Vorwurf, dass dort gefoltert und jedes, die Angeklagten entlastende Material nicht zugelassen, also reine Siegerjustiz betrieben worden sei, war sein Kommentar: »Warten Sie nur ab. Irgendwann kommt ein britischer Historiker und schreibt, wie es wirklich war. Denn das sind, was die Objektivität anbetrifft, die Weltbesten!«

Ins Schwärmen kam er, wenn er von der Jugendbewegung sprach, die sich um 1900 unter deutschen Schülern und Studenten als eine geistige und kulturelle Erneuerungsbewegung verstand. Karl Witthaus erzählte manchmal davon, wie er das Treffen der *Freideutschen Jugend* auf dem *Hohen Meißner* bei Kassel am 11. Oktober 1913 mit organisiert und den Studenten Ernst Wurche persönlich kennengelernt habe, der wiederum durch den Dichter Walter Flex in seinem Büchlein »Der Wanderer zwischen beiden Welten« verewigt wurde.

Beide sind im Ersten Weltkrieg gefallen. Flex war auch der Autor des von uns viel gesungenen Liedes »Wildgänse rauschen durch die Nacht«.

Karl Witthaus erzählte vom *Zupfgeigenhansl*, ihrem Liederbuch. Daraus sangen sie auf ihren Fahrten, Zeltlagern, Volkstanzveranstaltungen und Sonnwendfeiern. Werte wie Vaterland und Heimat (ohne jeden Hurra-Patriotismus), Liebe zur Natur und zum Dienst am Nächsten, Enthaltung von Alkohol und Nikotin waren ihre Vorstellungen und Ideale mit einem starken Hang zur Romantik.

Kam das Gespräch auf frühere Vorgesetzte, die ihm das Leben so manches Mal schwer gemacht hatten, gab er dazu keinen Kommentar. Dann konnte er nur mit einem leisen Lächeln bemerken: »Ach wissen Sie, es gehört auch zur menschlichen Größe, ein Unrecht in Würde zu ertragen!«

War er gut aufgelegt, konnte er zur sprichwörtlichen Sturheit seiner Landsleute lachend von sich geben, dass da schon etwas dran sei. Hieße es doch nicht grundlos: »Der Pommer ist im Winter so dumm wie im Sommer!«

Auch nachfolgenden Rat habe ich nicht vergessen, den er einmal der lachenden Studentenschaft ins Leben mitgab: »Meine Herren, heiraten Sie, aber nur keine dumme Frau!«

Auch im Blick auf die Kindererziehung und deren verschiedene Methodik hatte er seine besonderen Ansichten. Natürlich spiele dabei das Umfeld, sprich die Familie und die Erziehung, eine wichtige Rolle. Aber viel entscheidender seien doch die Erbanlagen. Wie könnte es sonst sein, dass urplötzlich und zum Schrecken der Eltern bei einem Sprössling Charaktereigenschaften erkennbar und zum Ausbruch kommen könnten, die man niemals bei ihm vermutet hätte. Als Beweis seiner These führte er an, dass man auf ihrem Gut eine große und intensive Schafzucht betrieben hätte.

Vom züchterischen Standpunkt aus konnte und musste ihre eingeführte Rasse nur weiße Wolle liefern. Aber trotz aller Vorsicht kam plötzlich und immer wieder auch ein schwarzes Schaf zur Welt.

»Und das gleiche«, so meinte er lachend, »passiert eben auch mit den *schwarzen Schafen* der menschlichen Gesellschaft.«

Meine Frau versorgte während unserer Zeit an der Fakultät diesem so absolut anspruchslosen Mann seine Wäsche und stopfte seine Socken. Dieses Vertrauensverhältnis führte dazu, dass ich so manches Mal hinter seiner Verschlossenheit einen Menschen entdecken konnte, der mir zum Vorbild wurde.

Dies galt auch im Blick auf seine tiefe Frömmigkeit, die er nie zur Schau stellte. Ein Lob von ihm wog zentnerschwer. Daher freute ich mich besonders, als er mir bei der Rückgabe eines Aufsatzes zuraunte. »Das war kein Aufsatz, das war ein Gedicht!«

Auch dass er zwanzig Jahre nach dem Tod seiner Frau deren alte Mutter (Flüchtling aus Landsberg/Warthe) nach Argentinien holte und bis zu ihrem Tod versorgte, zeichnete den Ehrenmann aus.

Nach Beendigung meines Studiums 1959 verloren wir uns aus den Augen. Zuvor aber durfte ich noch sein Urteil über mich erfahren: »Sie werden ein annehmbarer Theologe, aber ein guter Pastor werden!« Damit war ich höchst zufrieden.

»In einem Polenstädtchen ...«

»... da wohnte einst ein Mädchen.« Sie begegnete mir in den Achtzigerjahren. Ich war damals Pastor im Chaco-Städtchen Charata. Die kleine evangelische Gemeinde, bestehend aus den Resten deutscher Einwanderer, hatte mit finanzieller Hilfe aus Deutschland eine kleine freundliche Kirche gebaut, die sehr anmutig unter schattigen Bäumen stehend zu den Gottesdiensten einlud.

Ein Problem dieser heißen subtropischen Zone waren die lang anhaltenden Trockenperioden, wenn des Öfteren bis zu acht Monate kein Tropfen Regen vom Himmel fiel. Dafür blies der heiße Nordwind oft tagelang mit so großer Heftigkeit den aufgewirbelten Staub durch die Straßen, dass wir oft am Abend, ehe wir schlafen gingen, den Staub auf den Betten mit einem Besen abkehren mussten.

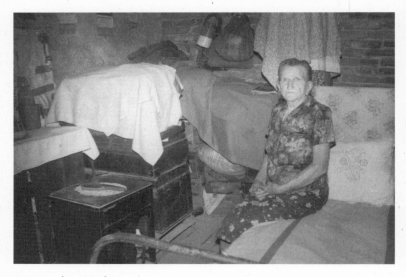

Anna in ihrer Wohnung

Unser Kirchlein war mit Backsteinen gebaut, aber die Qualität der Fenster hielt üblicherweise auch hier den Staub nicht fern. So brachte mancher Gottesdienstbesucher im Blick auf sein Sonntagsgewand gleich ein Tuch für die Bank zum darauf Sitzen mit. Jedenfalls benötigten wir eine Person, die am Samstag regelmäßig die Kirche putzte. Als wir nach einer solchen suchten, meldete sich eine alte Frau, Anna. Obwohl sie bereits 75 Jahre alt war, bat sie dringend um diese Arbeitsmöglichkeit, da sie völlig mittellos und ohne einen Centavo Unterstützung auf der Straße sitzen würde.

Wir stellten sie an und natürlich erzählte auch sie mir ihre Lebensgeschichte. Wenn ich mich recht entsinne, wurde sie in Pommern als Tochter eines armen Tagelöhners geboren. Schon von frühester Kindheit an wurde sie in die schwere Landarbeit auf dem Gut eingespannt und kannte weder Ferien noch Freizeit. Die kinderreiche Familie lebte von Kartoffeln und Mehlsuppe.

Als sie in die Mädchenjahre kam, lernte sie einen jungen Mann kennen, der von Beruf Maurer war. Als ihr derselbe einen Heiratsantrag machte mit der Aussicht, später nach Argentinien auszuwandern, sagte sie in der Hoffnung auf ein besseres Leben freudig Ja.

Sie kamen in den Chaco und Annas Mann verdiente den Lebensunterhalt, bis er zu trinken anfing. Ab da ging es bergab. Es kam so weit, dass er die Einkünfte komplett in Alkohol umsetzte und in der Gesellschaft von ähnlichen Gesellen völlig abrutschte. Oft war kein Stück Brot zu Hause, Kinder waren zum Glück keine da. Wenn Anna sich beklagte, bekam sie Schläge. Dieses fürchterliche Leben ging so lange, bis sie eines Tages ihrem *Alten* (wie sie ihn nannte) davonlief, nur die armseligen Kleider auf dem Leib.

Jetzt verdiente sie sich mit den wenigen Putzstunden in der Woche wenigstens so viel, dass sie jeden Tag eine Suppe kochen und Brot kaufen konnte. Geld für Arzt und Arznei bei Krankheit hatte sie nicht. So war es selbstverständlich, dass wir ihr nach unseren bescheidenen Möglichkeiten immer wieder unter die Arme griffen. Nach ihrer Unterkunft gefragt, wich sie immer aus. Als ich sie dann doch einmal besuchen wollte, verschlug es mir die Sprache. Lange musste ich suchen, bis ich ihre abgelegene Behausung fand. Sie wohnte in einer halb fertigen Garage, die ihr ein barmherziger Mensch überlassen hatte. Die rohen Wände ohne Verputz, eine Seite nur mit alten Tüchern verhängt, in einer Ecke ihr rostiges Eisenbett. Daneben stand ein Gestell mit einem Spirituskocher und zwei verbeulten Töpfen. Außerdem waren noch einiges Küchengeschirr, ein Stuhl und zwei alte Koffer zu sehen. Nach einer Toilette fragte ich erst gar nicht, aber ein alter zugedeckter Kübel in der Ecke sprach Bände.

Ab sofort erhielt Anna von uns nun eine monatliche Rente von 20 DM. Selbstverständlich wussten wir in Zukunft auch, wohin mit unseren Stoffresten, gebrauchten Klamotten und Schuhen. Nach unserem Weggang ist dieses bedauernswerte Menschenkind dann bald gestorben. Sie war eine tüchtige, fleißige und sparsame Frau gewesen. Was hätte wohl aus ihr werden können, wenn sie in der pommerschen Heimat geblieben wäre?

»An der Saale hellem Strande ...«

... stehen Burgen stolz und kühn,
ihre Dächer sind zerfallen
und der Wind streicht durch die Hallen,
Wolken ziehen drüber hin.[19]

In einer Kleinstadt an den Ufern dieses Flusses in Sachsen kam Fritz zur Welt. Es muss kurz vor der Jahrhundertwende gewesen sein. Die Familie war wohlhabend. Der Vater besaß einen großen Bäckereibetrieb und der aufgeweckte Junge konnte die höhere Schule besuchen. Nach Ausbruch des Ersten Weltkriegs meldete er sich als Freiwilliger und brachte es bis zum Offizier. Heil nach Hause gekommen, sollte er die Bäckerei des Vaters übernehmen. Aber dieser Beruf war für ihn reizlos und entsprach auch nicht seinem Stande, wie er meinte. Fritz beschloss auszuwandern. Den eigentlichen Grund dafür konnte ich nicht erfahren. Es könnte vielleicht auch eine Frauengeschichte gewesen sein oder ein Konflikt mit Eltern oder Behörden.

So landete Fritz in Argentiniens nordöstlicher Urwaldprovinz Misiones. Gerade dort hatten sich in den Zwanzigerjahren viele deutschstämmige Einwanderer niedergelassen. Es bildeten sich Kolonien, die Eldorado, Monte Carlo oder Puerto Rico ... genannt wurden.

Die übliche Schwerstarbeit einer Urwaldrodung blieb auch Fritz nicht erspart. Sicherlich aber wurde sein Los erträglicher, als er eine Frau fand und heiratete. Es kamen Kinder, und sein Leben wäre bestimmt in geregelten Bahnen verlaufen, wenn er nicht diesen großspurigen Charakterzug gepaart mit den Allüren eines arbeitsscheuen Lebemannes an sich gehabt hätte.

Bei öffentlichen Koloniefestlichkeiten oder sonstigen Zusammenkünften versuchte er immer den Ton anzugeben, sowohl im Verbrauch des Biers als auch beim Singen der alten Volkslieder, die er mit seiner guten Stimme anstimmte und fast alle auswendig kannte.

Die Jahre vergingen, die Kinder wurden groß, aber ebenso war auch sein Durst gewachsen. Dadurch schrumpfte der Lebensunterhalt und die Familie verarmte komplett. Fritz wurde zum notorischen Trinker, der dann geradezu bösartig wurde. Man munkelte auch von einem Mordversuch. Schließlich warf ihn die Familie hinaus und Fritz landete auf der Straße.

Von dem allem hatte ich noch keine Ahnung, als Fritz 1960 an der Tür unseres Pfarrhauses in Posadas klingelte. Groß gewachsen, sich auf einen Stock stützend, stand er vor mir, sprach mich in ausgezeichnetem Deutsch an und bat um Hilfe. Er sitze auf der Straße und suche Unterkunft und Arbeit. Nun ja, Brüder der Landstraße gibt es ja weltweit. Dass dazu sehr oft auch das aufgeschwemmte Gesicht eines Alkoholikers passte, hatte ich längst gelernt.

Nun hatten wir neben dem Pfarrhaus gerade den Rohbau unseres Schülerwohnheimes mit schon eingebauten Türen und Fenstern fertiggebracht, sodass man ein Zimmerchen bewohnbar machen konnte. Ein Feldbett wurde aufgestellt, verpflegt wurde Fritz von uns und ein besseres Hemd mit Hose wurden von ihm ebenfalls dankbar angenommen.

Schon eilten meine Gedanken voraus: Vielleicht hatten wir mit Fritz für unser Schülerinternat einen Hausmeister gefunden. Er war über diesen Vorschlag sofort begeistert und damit einverstanden, machte sich für alle möglichen Dienste mit geschickter Hand und guten Überlegungen nützlich. Auch als wir ihn zu unserer wöchentlichen Bibelstunde einluden, sagte er sofort zu. Dabei erzählte er, dass seine Mutter eine sehr fromme Frau gewesen sei und auch, dass man in seinem Elternhause sogar die Gemeinschaftsstunden der Pietisten abgehalten habe. Noch glaubwürdiger wurde er, als wir wie üblich einige *Reichslieder* sangen (so hieß das Liederbuch dieser Gemeinschaft). Er kannte sie durchweg, dazu oft noch auswendig, und sang so ergreifend mit seiner klangvollen Stimme, dass wir uns alle an diesem Neuzugang freuten.

Aber diese Freude dauerte leider nicht sehr lange. Als er nach einigen Tagen einen kleinen Vorschuss verlangte (als Raucher wollte er sich Zigaretten kaufen), wurde es in der darauffolgenden Nacht im Internat plötzlich laut und lauter. Fritz hatte sich eine Flasche billigen Schnaps gekauft und randalierte ganz gehörig. Er schrie und beschimpfte alle Welt, dabei warf er so nebenher die für den Bau gedachten Nägel- und Schraubenpackungen an die Wand. Als der Morgen graute, war er verschwunden. Keiner wusste, wohin.

Einige Jahre später, wir lebten bereits im benachbarten Paraguay, kamen wir auf einer Reise noch einmal durch Posadas. Dabei erfuhren wir, dass ein guter Bekannter erkrankt sei und im staatlichen Hospital liege. Wir beschlossen, diesen zu besuchen, und fanden ihn auch in dem großen Krankensaal mit mindestens sechzig Betten. Beim Verlassen dieser Stätte des Jammers streifte mein Blick so im Vorübergehen über die Gesichter der Patienten. Dabei fiel mir ein Bett auf, das man auf die Seite und in eine Ecke geschoben hatte. Die Krankenschwester machte mir auf meinen fragenden Blick nur ein bedauerndes Zeichen, das so viel besagte wie: »Es geht dem Ende zu.«

Erst beim Nähertreten erkannte ich ihn: Fritz. Unrasiert, zu einem Skelett abgemagert, lag er in schmutzigen, zusammengeflickten Leintüchern und schaute mich mit großen Augen an. Sie waren immer noch so auffallend blau wie damals. Reden konnte er nicht mehr. Aber auf meine Frage, ob er mich noch kenne, nickte er ganz traurig. Ich habe noch ein Gebet mit ihm und für ihn gesprochen, dann bin ich gegangen.

»Doch der Wandrer zieht von dannen, weil die Abschiedsstunde ruft!«, so vermeinte ich es vom fernen Saalestrand zu hören. Und vielleicht klagte dieses Lied nicht nur um die Burgen und Hallen, die, einst so stolz und kühn, aber jetzt zerfallen und vergessen sind. Sondern ebenso um diesen armseligen, vergessenen Wanderer, der jetzt von dannen zog. Gott möge sich seiner Seele erbarmen.

»Dann reisen wir nach Sachsen ...«

»... wo die schönen Mädchen auf den Bäumen wachsen«, so lernten wir das noch als Schuljungen. Aber anscheinend haben nicht alle Männer dafür den richtigen Blick, sonst wäre der Wilhelm kein Junggeselle geblieben. So studierte er Theologie, wurde Pfarrer und ließ sich nach Argentinien entsenden. Dort tat er praktisch lebenslang bei der Deutschen Evangelischen Kirche am La Plata seinen Dienst als sogenannter Reiseprediger.

Da sich auch die deutschen Einwanderer evangelischen Glaubens in einem Riesenland wie Argentinien (Länge zirka 5 000 Kilometer) in allen möglichen Provinzen zum Teil sehr abgelegen angesiedelt hatten, die Kirchen in den Städten und Dörfern aber durchweg katholisch waren, hatte die La-Plata-Kirche Pfarrer eingesetzt, die von Zeit zu Zeit solche zerstreuten Gruppen aufsuchten, Gottesdienste hielten, Kinder tauften, konfirmierten, Paare trauten ... Dieser Dienst war äußerst anstrengend und mühsam. Er setzte tage- und nächtelange Bahn- und Busfahrten voraus. Dazu kamen oft primitivste Unterkünfte in windigen Bretterhäusern und auf nicht immer ungezieferfreien Strohmatratzen. Für Übernachtungen in Hotels oder Familienpensionen hatte der Pastor kein Geld. Immer unterwegs und nirgends zu Hause, es war ein Zigeunerleben und einem Familienvater auf die Dauer nicht zumutbar. Daher war unser Junggeselle für dieses Amt geradezu prädestiniert. Aber wen wundert es, dass er dabei im Lauf vieler Jahre zu einem etwas schrulligen Sonderling wurde. Seine Kleidung nebst Schuhwerk, Socken und Hut waren meist Spenden von Gemeindegliedern. Der bisherige Eigentümer war verstorben, aus der Wäsche gewachsen oder wollte nicht total aus der Mode kommen. So nahm unser Wanderprediger alles dankend in Empfang. Es war ja keine Frau da, die ihn hätte korrigieren und damit vor mancher Lächerlichkeit bewahren können. Als Studenten lachten auch wir über ihn, aber schon nach wenigen Jahren tat es mir leid.

Wanderprediger Wilhelm (hinten Mitte)

Ich war damals Pfarrer in Posadas. Das Pfarrhaus lag an einer Seitenstraße, an deren versumpften Abwassergraben ab und zu noch Kühe weideten. Groß war mein Schreck, als ich eines Frühmorgens nach dem Wetter schauen wollte, die Haustür öffnete und vor mir eine Gestalt auf dem Steinboden liegen sah. War das ein betrunkener Landstreicher, oder wollte man dem Pastor eine Leiche unterjubeln, für die niemand zuständig war? Gebannt blieb ich stehen und beobachtete. Doch der Mann atmete, er schlief auf einigen untergelegten Zeitungen. Als ich ihn weckte, entpuppte er sich als unser Reisepfarrer Wilhelm. Man kann sich meine mehr als erstaunte Frage vorstellen, was er denn hier mache. Er erzählte, noch ziemlich verschlafen, dass er auf der Durchreise sei und sein Zug erst mitten in der Nacht hier angekommen sei. Auf meine vorwurfsvolle Frage, warum er dann nicht geklingelt habe, wir hätten immer ein Gästebett bereit, meinte er nur: »Aber ich kann Sie doch nicht mitten in der Nacht aus dem Bette holen!«

Ein anderes Mal traf ich auf einer Ferienreise mit ihm zusammen. Wilhelm hatte in dieser Stadt einige Familien besucht, einen

Gottesdienst gehalten und wollte nun mit der Bahn an den nächsten Ort weiterreisen. Dieser lag 1500 Kilometer weiter im Süden. Die Abfahrtszeit war um 1.30 Uhr, also in stockdunkler Nacht. Weil mir sein Reisegepäck äußerst umfangreich erschien, begleitete ich ihn zum Bahnhof. Wir schleppten neben dem Koffer etliche mit Schnur zusammengebundene Schachteln und Taschen. Denn, so erklärte er mir hocherfreut, eine Witwe habe ihm den ganzen Kleidernachlass ihres kürzlich verstorbenen Mannes zur Auswahl vorgelegt. Dazu noch Schuhe, die ziemlich passen würden.

Unter dem Arm schleppte er noch ein weiteres Abschiedsgeschenk: Es war ein großer Laib Käse von mindestens vier Kilo, in Zeitungspapier eingewickelt.

Die argentinischen Bahnen fuhren damals mit zwei Klassen. Die Sitze der ersten Klasse waren etwas gepolstert und mit Kunststoff überzogen, die zweite Klasse hatte nur harte Holzbänke. Selbstverständlich reiste Wilhelm aus finanziellen Gründen nur in der zweiten Klasse. Nachdem wir in aller Eile den Zug bestiegen und das Gepäck verstaut hatten, legte der Reisende bereits wieder Zeitungen auf einer leeren Bank aus und erklärte mir bei der Verabschiedung hochzufrieden, dass jetzt seine Nachtruhe gesichert sei.

Als ich später einmal im Gespräch mit einem leitenden Vorgesetzten auf die selbstlose Bereitschaft und aufopfernde Tätigkeit des Kollegen hinwies und dabei meinte, dass dies doch ein wahrer Glücksfall für die Kirche sei, da nickte dieser nur und meinte: »Sie haben recht. Wir sind froh, dass wir ihn haben. Aber zwei davon könnten wir nicht verkraften!«

Ich glaube, dass jeder Mensch irgendwie zum Sonderling wird, wenn man ihn allein lässt und wenn niemand ihm seine Schwächen und Fehler sagt. So wie das stumpfe Messer den Schleifstein braucht, so braucht der Mensch die Kritik, die ihm die Ecken und Kanten seines Wesens und Charakters abschleift.

Nach seiner Pensionierung kehrte Wilhelm nach Deutschland zurück, wo er in einem Seniorenheim sehr einsam seine letzten

Tage verbrachte. Er hatte weder Familie noch Freunde. Ich will ihn trotzdem nicht vergessen, weil ich meine, dass auch die Erinnerung einen Menschen aufwerten kann – selbst dann, wenn er schon lange gegangen ist.

»Von den Bergen rauscht ein Wasser ...«

»... wollt, es wäre kühler Wein«, geht das Lied weiter – und von diesen Bergen der Steiermark kam Adolf. Dort wuchs er in ärmlichen Verhältnissen auf, denn von den Bergen kam nur Wasser. Aber Adolf war ein heller Bursche. Mit großer Liebe zur Natur studierte er nach dem Abitur in Wien Zoologie mit dem Schwerpunkt Vogelkunde. Doch die politischen Wirren der Dreißigerjahre verleideten ihm die Heimat, sodass er 1932 sein Bündel schnürte und nach Südamerika (Paraguay) auswanderte. Dort tauchte er als Einzelgänger buchstäblich in den Urwäldern unter. Er schlief in zusammengezimmerten Bambushütten, oft auf Pfählen wegen der Schlangen und Raubtiergefahr, suchte Kontakte mit scheuen Indianergruppen und forschte mit wissenschaftlicher Gründlichkeit in seinem Spezialgebiet, der Vogelkunde. Dabei narrte ihn lange Zeit das Flöten eines ihm noch unbekannten Waldvogels. Er hörte wohl sein Pfeifen, bekam aber dieses geheimnisvolle Tier trotz tagelangem Pirschen und Ansitzen nie zu Gesicht. Als er einmal einen Indianer danach fragte und ihm diese seltsame Vogelmelodie vorgepfiffen hatte, zeigte dieser große Angst und wehrte erschrocken ab: Das sei der nächtliche Herr des Waldes, ein kleines feuerflammendes Wesen. Sein Name sei *Yasí-yateré,* und wer seine Stimme nachahme, habe mit seiner Rache zu rechnen!

Sieben Jahre brauchte unser Forscher, um dieses Urwaldgeheimnis zu lüften. Es handelte sich dabei um eine bis dahin völlig unbekannte Kuckucksart mit prachtvollen langen Federn und einer rotbraunen Haube. Ein Präparat ging mit vielen anderen Tierpräparaten an das Wiener Völkerkundemuseum, das Adolf seine

Forschungsergebnisse für wenig Geld abnahm.

Adolf heiratete nach einigen Jahren die blonde Tochter einer Einwandererfamilie aus dem Sudentenland, kehrte aber dann 1939 nach Österreich zurück. Er wollte dort sein angesammeltes umfangreiches Material wissenschaftlich katalogisieren und verarbeiten. Adolf schrieb auch ein Buch über seine Urwalderlebnisse, das 1941 verlegt wurde.[20]

Adolf Neunteufel und seine Frau

Als der Krieg ausbrach, wurde auch er Soldat und landete, nachdem man auf seine spanischen Sprachkenntnisse aufmerksam geworden war, bei der sogenannten *Blauen Division*. Dies war eine Einheit von spanischen Freiwilligen, die sich auf deutscher Seite zum Kampf gegen den Bolschewismus bereitgefunden hatten. Hier wurde Adolf Dolmetscher und geriet mit dieser Truppe in die schweren Winterkämpfe an der Leningrader Front. Bei Kriegsende 1945 befand er sich mit seiner Frau im Sudetenland. Bei den Massakern der blindwütigen Tschechen konnte er sich nur retten, weil seine Frau Tschechisch sprach und sie beide als solche ausgab.

In den Nachkriegsjahren wurden ihnen zwei Buben geboren und schon bald wanderte die Familie zurück nach Paraguay.

Im Mai 1959 klingelte es an meiner Haustür. Ich hatte erst wenige Tage zuvor das Pfarrhaus von Posadas bezogen.

Als ich die Tür öffnete, stand ein Mann mittleren Alters vor mir. Braun gebrannt, mittelgroß, mit bereits schütterem Haar und angetan mit Hemd, Hose und den dort üblichen leichten halbhohen Schaftstiefeln. Ein Bruder der Landstraße, so war mein erster Gedanke. Aber irgendwie passte das nicht zu seinem wachen Blick und den ehrlichen Augen. Er streckte mir die Hand entgegen, nannte seinen Namen und erklärte in kurzen Worten, warum er gekommen sei. Er habe gehört, dass ein neuer Pastor aufgezogen sei, und den wolle er nun begrüßen. Dagegen war natürlich nichts einzuwenden. Ich bat ihn, neugierig geworden, herein. Als er dann vor mir saß und anfing zu erzählen, merkte ich schnell, dass ich einen sehr interessanten Mann vor mir hatte. Als mein Blick dabei auf seinem verkrüppelten Unterarm hängen blieb, erklärte er mir, dass dies von den gefährlichen Krallen eines Ameisenbärs herrühre. Zudem erfuhr ich, dass er mit seiner Frau und den zwei Buben auf einem Boot mit Standplatz Hafen Posadas wohne. Seinen Lebensunterhalt bestreite er damit, dass er mit dem Boot weite Strecken den riesigen Fluss Alto Parana aufwärtstuckere, in die Urwaldnebenflüsse einfahre und dort im Dschungel nach Orchideen suche. Aber auch Wildtiere wie Affen, Rehe, Kaimane, Jaguare und vor allem Papageien und andere Singvögel würden lebend in Fallen gefangen. Die Ernährung der Familie bestehe aus dem mitgeführten Vorrat an Nudeln und Reis, bereichert mit Wildfleisch und vor allem mit Fischen aus dem Riesenstrom. Waren dann nach etlichen Wochen alle Käfige und Kästen voll, reiste man zurück nach Posadas. Dort ging er dann als fliegender Händler durch die Straßen, oft von Haus zu Haus, um seine Ware anzupreisen. Auch auf dem Flugplatz würde er manchmal an die wenigen Touristen etwas verkaufen können. Es war ein hartes und sehr unsicheres Brot. Aber er hatte noch ein weiteres Eisen im Feuer. Er malte Ölbilder. Tiere und Urwaldlandschaften, Sonnenuntergänge und Palmen im Abendwind. Dies gelang ihm für mein Verständnis recht gut.

Als Adolf ging und sich verabschiedete, war dieses erste Zusammentreffen bedenkenlos als Beginn einer neuen Freundschaft zu werten. Es verging in Zukunft kaum eine Woche, ohne dass er mich besuchte, wenn er im Hafen von Posadas vor Anker lag, bis er seine Ware verkauft hatte. Manchmal wollte er nur ein paar tröstliche Worte hören, wenn ihn irgendwelche Kunden wieder hereingelegt hatten. Aber oft bat er auch um finanzielle Hilfe. Sie hätten kein Stückchen Brot mehr, der alte Außenbordmotor brauche eine dringende Reparatur, die Batterie müsste erneuert werden, kein Tropfen Benzin sei mehr im Tank, die Frau brauche dringend eine Arznei oder er hätte schon eine Woche heftige Zahnschmerzen, was die geschwollene Backe bewies. Wir hatten auch nicht zu viel, aber hier musste man ja helfen, die Familie war nirgendwo versichert. Dabei wollte Adolf nie etwas geschenkt, immer nur bis zum nächsten Reiseertrag geliehen. Und er hat mir, was für Südamerika gar nicht immer üblich ist, immer seine Schulden auf Heller und Pfennig zurückbezahlt.

Adolf wusste meine Hilfsbereitschaft zu schätzen. Aus Dankbarkeit brachte er mir manches Geschenk. Es waren besonders schöne Orchideen, frische Fische aus dem Parana oder auch mal den Schwanz eines Kaimans. Dies sei, so informierte er mich, eine wahre Delikatesse. Und das stimmte auch. Das Fleisch war weiß, ähnelte im Geschmack dem Kalbfleisch und schmeckte paniert in der Pfanne gebraten recht gut. Einmal wickelte er das Zeitungspapier eines fleckigen Päckchens auf und es kam ein Tierkörper von der Größe eines Hasen zum Vorschein. Dies sei ein Stachelschweinchen, noch ganz jung und zart. Einige Tage mit Lorbeerblättern in Essig gelegt, ergäbe es einen geschmackvollen Sauerbraten. Gesagt, getan. Der Sonntagsbraten mit schwäbischen Spätzle schmeckte erwartungsgemäß sauer. Einige Zeit später blätterte ich durch ein Fachbuch über die in Südamerika vorkommenden Tierarten. Ich suchte, durch den Braten neugierig geworden, nach der Art und Lebensweise der Stachelschweine. Die sehr ausführliche Beschreibung endete mit dem Satz: »Stachelschweine sind Aasfresser. Daher ist ihr Fleisch ungenießbar und wird nur von den Indianern gegessen.« Wieder ein anderes Mal wurde ich belehrt, dass man sogar das Fleisch von Aasgeiern ohne Schwierigkeiten essen könne, wenn man nur die Haut vorher abziehen würde.

Natürlich ortete er mich sehr bald als Abnehmer seiner Ölgemälde. Dies war nur möglich, weil die Preise äußerst moderat waren. Sie richteten sich grundsätzlich nach der Größe des Bildes, denn die zu kaufende Leinwand und die nötigen Ölfarben waren nicht billig. So hatte ich zumindest während meiner vierjährigen Amtszeit in Posadas keinerlei Schwierigkeiten mit Geschenken für den Verwandten- und Freundeskreis. Noch heute erfreuen mich diese Exponate an ihren Zimmerwänden.

Landschaft am *Alto Parana* (Ölgemälde von Adolf Neunteufel)

Das Wohnboot trug den Namen des geheimnisvollen Waldvogels *Yasí-yateré*. Es hatte eine ungefähre Länge von sechs Metern mit einem selbst erbauten Aufbau. Das Dach war aus Sperrholz und die Seitenwände bestanden aus Zeltplanen, die man bei schönem Wetter hochrollen konnte.

Im Heckteil sah man ein paar zusammengebundene durchgelege-ne Matratzen, die zum Schlafen ausgerollt wurden. Dann gab es ein Kistchen mit Kochtopf und einen Spirituskocher, andere Kisten mit

Büchern und Wäschestücken, die auch gleich als Sitzgelegenheiten dienten.

So manches Mal, wenn ich meine angeschlagene Seele zur Ruhe bringen wollte, fuhr ich mit dem Fahrrad zum Hafen und setzte mich in das Boot. In der Regel und wenn gerade Geld im Beutel war, gab es zuerst einen Begrüßungsschnaps. Brannte die heiße Sonne noch am Himmel und bekam man Durst, wurde über die Bordwand mit einer Konservenbüchse aus dem Fluss geschöpft und getrunken. Anfänglich nahm auch ich einen tüchtigen Schluck. Aber als dann bei einer Unterhaltung so nebenbei erwähnt wurde, dass da gelegentlich auch Leichen angeschwemmt würden, verlor sich mein Durst. War es Abend geworden und glänzte das helle Mondlicht so geheimnisvoll auf dem ruhig dahinfließenden Strom, dann war das eine unvergessliche Romantik.

Die beiden Buben, schon im Pubertätsalter, saßen natürlich auch in der Runde und hörten unseren Unterhaltungen interessiert zu. Beide waren bei ihrer Geburt nirgendwo angemeldet worden und hatten demzufolge weder Geburtsurkunden noch Ausweispapiere. Gelegentliche Schulbesuche, so zwischen den Reisen, brachten ihnen mit Not das Lesen und Schreiben bei.

Auf meine neugierige Frage, wie sie sich denn ihr Alter und die Zukunft ihrer Jungen vorstellen würden, erntete ich nur ein lächelndes Achselzucken. Vielleicht steckte sich darauf die Frau als starke Raucherin eine neue Zigarette an und der Adolf nahm noch einen Schluck aus der Flasche. Sie hielten es mit einem Wort Albert Einsteins: »Ich denke nie an die Zukunft. Sie kommt früh genug!«

1963 endete meine Zeit in Posadas. Mein Weggang wurde von der Familie überaus bedauert. Ursprünglich katholisch geprägt, hatte die Eltern mit dem christlichen Glauben allgemein nichts am Hut. Wenn ich aber dazu beitragen durfte, dass man künftig der lutherischen Frömmigkeitsform mehr Respekt entgegenbrachte, dann freut mich das.

Wie es mit dieser Familie weiterging? Als ich nach Jahren durch Posadas reiste, nahm ich mir die Zeit, nach ihr zu forschen. Und ich fand sie. Am Stadtrand stand auf einem abseitigen, von wildem Gestrüpp zugewachsenen Grundstück eine Hütte, um die eifrige Hühner gackerten. Durch den offenen Holzladen sah ich eine alte grauhaarige Frau, die in einem Buch las. Es roch nach Schnaps. Als ich sie ansprach, blickte sie höchst erstaunt auf, aber dann ging ein Lächeln über das runzelige Gesicht. Sie hatte mich erkannt. Ich erfuhr dann, dass sie schon einige Jahre hier wohnten. Das Boot sei nicht mehr schwimmfähig gewesen, der Motor kaputt gegangen und Adolf sei gestorben. Nun wohne sie hier mit den beiden Söhnen, die Stadtverwaltung habe ihnen das Grundstück zur Verfügung gestellt. Günther, der ältere Sohn, sei so menschenscheu, dass er sich vor jedem Besucher verstecke. Er repariere einfache Radiogeräte, die Kenntnisse habe er sich in einem Fernkurs angeeignet. Der jüngere Sohn Rolfi würde mit einem geliehenen Motorboot Exkursionen mit Touristen durchführen oder auch fischen. So beschaffe er die nötigen Lebensmittel. Auf den Ruf der Mutter kam er dann auch aus dem Hintergrund und begrüßte mich geradezu euphorisch: Das seien halt noch Zeiten gewesen! Auch er roch nach Alkohol und sein rotes Gesicht war verdächtig aufgeschwemmt.

An den Bretterwänden hingen von ihm präparierte Fischköpfe zum Verkauf. Den größten, es war ein Wels von mindestens 100 Kilogramm, wollte er mir gleich schenken. Es war alles so traurig, denn es roch nicht nur nach Schnaps sondern auch nach Tragik. Als ich sehr niedergeschlagen davonging, klang wieder das Eingangslied vom rauschenden Bergwasser in mir auf. Da heißt es in der zweiten Strophe:

In dem Wasser schwimmt ein Fischlein,
das ist glücklicher als ich.
Glücklich ist, wer das vergißt,
was nicht mehr zu ändern ist.[21]

»Wien, Wien nur du allein ...«

»... sollst stets die Stadt meiner Träume sein.« Wenn Franz dieses Lied hörte, bekam er einen ganz verschwommenen Blick. Ich begegnete ihm 1953 in dem bereits erwähnten Altersheim bei Buenos Aires und lebte mit ihm längere Zeit zusammen Tür an Tür.

Er wurde um die Jahrhundertwende geboren. Einen Vater kannte er nicht, die Mutter lebte mit einem fremden Mann zusammen. Der junge Franz erlernte das Maurerhandwerk, aber weil der Stiefvater ihn als unnötigen Esser loshaben wollte, wanderte er nach Argentinien aus. Dort in der Weltstadt Buenos Aires gab es für ihn Arbeit in Hülle und Fülle. Europäische Facharbeiter waren in dieser sich ständig erweiternden Metropole sehr gefragt und begehrt. So rückte der clevere Franz sehr bald zum Bauleiter auf. Ledig und ohne Familie wohnte er in einer der dort zahlreichen billigen Familienpensionen.

Dort oder in der Bar gleich um die Ecke verbrachte er die Abende und ebenso die arbeitsfreien Werk- und Sonntage.

Dort war Franz nie allein. Selbstverständlich saßen dort auch andere Kollegen und Junggesellen deutschstämmiger Herkunft. So war klar, dass die Becher in fröhlicher Runde kreisten und immer wieder kreisten. Der Liter Wein kostete damals nur wenig. Und gesungen wurde natürlich auch, so ganz nach dem Motto:

In Junkers Kneipe, bei Bier und Weine,
da saßen wir beisamm'.
Der beste Tropfen
vom besten Hopfen
uns durch die Kehle rann.

Hei, wenn die Burschen singen
und die Klampfen klingen
und die Mädels fallen ein.

Was kann das Leben
uns Schönres geben!
Wir wollen glücklich sein.[22]

Die Mädels saßen vielleicht nicht in diesen Runden, aber das tat der
Liebe keinen Abbruch. Das nächste Bordell war in dieser Großstadt
sicher nicht weit. Diese Junggesellengarde im fremden Land hatte
sich jedenfalls den – oft Martin Luther zugeschriebenen, aber vielleicht vom mecklenburgischen Dichter Heinrich Voß (1751–1826)
verfassten – Wahlspruch zu eigen gemacht:

Wer nicht liebt Wein, Weib und Gesang,
der bleibt ein Narr sein Leben lang.

So vergingen die Jahre. Einen Kontakt nach Österreich gab es für
Franz nicht mehr. Er hatte aus Bitterkeit und Enttäuschung buchstäblich alle Brücken zur Heimat abgebrochen.

Beruflich ging es ihm gut. Hatte er sich doch zum Maurerfach-
mann für die immer mehr aus dem Boden schießenden Hochhäuser
entwickelt, sodass selbst die Architekten seinen Rat einholten.

Als Franz um die 50 Jahre alt war, bekam er körperliche Be-
schwerden. Die Zehen am rechten Fuß schmerzten so stark und plötzlich, dass er gezwungen war, auf der Straße stehen zu bleiben. Um
möglichst wenig aufzufallen, ging er zum nächsten Schaufenster und
schaute in die Auslage. Dieses Leiden, eine arterielle Verschlusskrank-
heit, wird daher im Volksmund auch *Schaufensterkrankheit* genannt.
Die Diagnose des Arztes lautete *Bürger'sche Krankheit*. Amputation
war die einzige Behandlungsmöglichkeit, bei den Zehen fing man
an. Dann folgten Fuß, Unterschenkel und Oberschenkel. Aber die
Krankheit schritt fort. Jetzt begann dieselbe Prozedur am linken
Bein. Auch hier wurde Stück um Stück amputiert. Schon längst
nicht mehr arbeitsfähig, brauchte Franz seine letzten Ersparnisse auf.
Als er die Miete in der Pension nicht mehr bezahlen konnte, saß er

auf der Straße. Jetzt waren die *barmherzigen Samariter* gefragt, die Kirche. Lebenslang hatte man sich nie um sie gekümmert, gar in fröhlicher Runde noch über *die Frommen* gelacht. Jetzt wurden sie gefragt, und mit Erfolg. Denn »zu helfen sei ja der Beruf des lieben Gottes«, so spottete schon Heinrich Heine. Franz wurde im kirchlichen Altersheim aufgenommen; dort lernte ich ihn nicht nur gut, sondern sehr gut kennen.

Franz saß tagsüber in einem alten Rollstuhl, dessen total abgenützte Fahrradreifen ständig *Plattfüße* aufwiesen. So galt es laufend Flickmaterial zu besorgen. Durch sein Arbeitsverhältnis in großen Baumfirmen hatte Franz Anspruch auf eine kleine Rente, die aber natürlich von der Heimverwaltung einbehalten wurde. Ein Taschengeld für Zigaretten (zwei Packungen pro Tag) sowie für den gewohnheitsmäßigen Weinkonsum wurde ihm aus Mitleid zugestanden. Dem armen Kerl war sowieso nicht mehr zu helfen.

Öfters setzte ich mich neben ihn und hörte ihm einfach nur zu. Die Unterhaltungen drehten sich hauptsächlich um jene Zeiten, als er noch als richtiger Kerl auf den Baustellen das Sagen hatte. Er strahlte, wenn er mir, dem Laien, anhand von planungstechnischen Fachausdrücken beweisen konnte, dass ich *einen Dreck* davon verstünde. Und sein Gesicht wurde feuerrot, wenn er berichtete, wie er die argentinischen Kollegen zusammengestaucht habe, wenn sie wieder einmal eine schlampige Arbeit abgeliefert hätten.

Das Essen im Heim war sehr einfach, aber für die Begriffe eines Kriegs- und Nachkriegsdeutschen gut und reichlich. Zwei Drittel der 20 Bewohner zahlten sowieso nichts, sodass das Haus nur mit Spenden über Wasser gehalten werden konnte. Obwohl Franz immer eine doppelte Portion bekam, schimpfte er regelmäßig und lautstark über den »miesen Fraß«, der, im Blick auf die vergangenen »glorreichen Zeiten«, natürlich keinem Vergleich standhielt.

Seine Krankheit schritt fort. Die Stümpfe an beiden Beinen wurden immer kürzer, denn immer wieder musste ein Stück amputiert werden. Dies geschah kostenlos im staatlichen Krankenhaus, setzte aber die Beschaffung von jeweils drei Blutspendern voraus. Als ich wieder einmal einen Operationstermin beim dortigen Chirurgen holte, meinte der ganz trocken: »Ach wissen Sie, wir sägen eben immer wieder ein Stück vom Knochen ab, solange noch was dran ist.« Seine Einladung zum *Zuschauen* lehnte ich freundlichst ab. Dafür enteilte ich schleunigst diesem Knochensäger.

Jetzt fingen die Durchblutungsbeschwerden aber auch an den Fingern an und der Arzt erwog bereits eine Amputation der Arme. Es war schrecklich. Irgendwie ahnte der Kranke das herannahende Ende. Dies ließ mir keine Ruhe, weil immer wieder auch seine Mutter zwischen uns zur Sprache kam. Hatte sie den Krieg überlebt? War die alte Wohnung im Hinterhaus von den Kriegseinwirkungen verschont geblieben? Dachte die Mutter noch an ihren verschollenen Sohn? Und wenn ja, hätte sie sich nicht sehr gefreut, noch einmal ein Lebenszeichen von ihm zu erhalten? Vielleicht könnte Franz mit einem guten Wort der Mutter leichter sterben?

So drängte ich ihn immer mehr, einen Brief an sie zu schreiben. Alles Weitere wäre dann meine Sorge. Gesagt, getan. Ich schickte seinen mit großer Mühe zusammengekritzelten Brief mit einem entsprechenden Begleitschreiben unter Angabe ihres letzten Wohnortes von vor 25 Jahren an die Polizeidirektion nach Wien. Schon nach kurzer Zeit hatte ich die amtliche Antwort in der Hand, dass die alte Frau vier Wochen zuvor verstorben sei. Wir kamen zu spät.

Der Franz lebte daraufhin nicht mehr lange. Er starb bald nach meinem Weggang einsam, verlassen und von niemandem betrauert. Das Los so vieler Auswanderer.

»Wien, Wien nur du allein.« Ob ihn wohl sein Heimatlied beim Gehen noch begleitet hat? Denkbar wäre es schon, gerade auch im Blick auf die letzte Strophe. Brauchte er doch für dieses letzte Stück keine Beine mehr.

Ob ich will oder net,
nur hoff ich recht spät,
muß ich einmal fort von der Welt.
Geschieden muß sein
von Liebe und Wein,
weil alles, wie's kommt, auch vergeht.
Ah, das wird ja ganz schön,
ich brauch ja nicht z'gehn,
ich flieg doch in' Himmel hinauf,
dort setz ich mich hin,
schau runter auf Wien,
der Steffel, der grüßt ja herauf.[23]

6. Wer waren sie, die gingen?

Wie wir gelesen haben, gab und gibt es sie zu allen Zeiten: Menschen, die sich auf den Weg machten und gingen. Die Weltgeschichte ist voll von wandernden Völkerschaften, ziehenden Dorfgemeinschaften, flüchtenden Glaubensgruppen oder auch abenteuerlichen Glücksrittern. Die einen gingen freiwillig, andere wurden dazu gezwungen, vertrieben, verschleppt oder gar von einer Obrigkeit verschachert. Nur ein Beispiel:

Am 27. Februar 1767 marschierte das 1. Bataillon des sogenannten Kapregiments aus seiner Garnisonstadt Ludwigsburg ins ferne Afrika ab. Ihr Herzog Carl Eugen von Württemberg hatte die 898 Mann an die holländisch-indische Compagnie verkauft. Beim Abmarsch sangen die Soldaten:

Lebt wohl, ihr Freunde!
Sehn wir uns vielleicht zum letzten Mal,
so denkt: nicht für die kurze Zeit,
Freundschaft ist für die Ewigkeit,
und Gott ist überall.[24]

Für viele war es tatsächlich das letzte Mal, denn nur wenige kehrten zurück. Dieses bittere *zum letzten Mal* lag auch wie ein dunkler Schatten über den gewaltigen Wanderbewegungen, die nach den Türkenkriegen donauabwärts ins Ungarnland zogen. Und es galt ebenso den großen Scharen der Bauern und Handwerker, die im 19. Jahrhundert, gerufen von der Kaiserin Katharina II., nach Russland zogen.

Aber vorher schon trat Amerika auf den Plan. Schon ab 1757 warb dieser riesige Kontinent um Einwanderer. Das Land der unbegrenzten Möglichkeiten versprach den Ankömmlingen Land, Wohlstand und Freiheit.

Es war die Zeit der Segelschiffe, die in Hamburg oder Bremen die Anker lichteten. Dabei konnte eine Überfahrt, je nach den Wetterverhältnissen, bis zu einem halben Jahr dauern. Und immer sang der Wind dieses wehmütige *zum letzten Mal* mit. Wer mag ermessen, was die Schiffsplanken alles an Not, Hoffnung und Träumen davontrugen.

Und wie unterschiedlich waren auch die Motive, die diese Menschen zu ihrem Schritt bewogen hatten. Bedeutete er doch den endgültigen Bruch mit allem, was einem lieb und wert war. Familien- und Freundesbande zerrissen jäh, vertraute Traditionen gingen unter und mit ihnen versank auch der Halt, den nur die Heimat zu geben vermag.

Warum sie trotzdem gingen?

Da gab es traumatisierte Soldaten, die dem kriegswütigen Europa entrinnen wollten.

Da waren gestandene Landwirtssöhne, deren elterliches Anwesen keine zwei Familien ernähren konnte. Der ältere Bruder bekam den Hof und sie mussten gehen.

Dann war da der ungelernte Hilfsarbeiter, ein Leben lang dazu verdammt, sein armseliges Dasein in stinkenden Fabrikhallen zu fristen.

Oder auch der naturbegeisterte Kaufmannsgehilfe, der zwischen den rußigen Hauswänden einer Großstadt wohnte, so gerne mehr vom Himmel gesehen hätte und dazu auch seinem Hobby, der Kaninchenzucht, nachgegangen wäre.

Auch der rechtmäßige Erbe eines alten Bauerngeschlechts war zu finden, der sich zum großen Entsetzen des angesehenen Altbauern in die arme Stallmagd verliebt hatte. Und ein Kind war bereits unterwegs. »Du hast die Wahl zwischen ihr und dem Hof!«, schrie der Alte. Und diese Wahl traf der werdende Vater. Heimlich packte das junge Paar seine Koffer und verschwand über Nacht.

Nicht Wenige gab es auch, die der Heimat verbittert den Rücken kehrten. Als lediges Kind (im Mittelalter *Kegel* genannt) war man zur

Welt gekommen, wurde gehänselt und verlacht, bei der Erbschaft übergangen und nie anerkannt.

Auch den ungeratenen Sohn dürfen wir nicht vergessen, der Sargnagel und die Schande seiner Eltern, dem der wütende Vater eine Schiffskarte in die Hand drückte mit der Aufforderung: »Verschwinde und lass dich hier nie mehr sehen!«

Natürlich fehlte auch nicht die Gattung der Gauner und Ganoven, die wegen Steuerhinterziehung, Betrug, Diebstahl oder gar Mord auf einer polizeilichen Fahndungsliste standen. Auch politische Quertreiber, religiöse Fanatiker und Aussteiger, denen eine Spießbürgergesellschaft zum Halse heraushing, waren unter den Auswanderern zu finden.

Dabei hieß die erste Station auf der Reise nach Amerika immer Hamburg oder Bremen. Ob nun Nord- oder Südamerika war vielen egal. Hauptsache weg. Man nahm das erstbeste Schiff, ohne eine Ahnung davon zu haben, wie gewaltig der Unterschied zwischen Nord- und Südamerika war.

Anzeige in der Schwarzwälder Kreiszeitung, 1882

123

So wanderten allein über den Hamburger Hafen zwischen 1850 und 1934 fünf Millionen Menschen aus, darunter auffallend viele Süddeutsche.

Die wenigsten hatten das Geld für eine Kabine. So reiste man noch im 19. Jahrhundert auf engstem Raume zusammengepfercht unten im Bauch des Schiffes. Die Betten waren in zwei oder gar drei Etagen übereinandergebaut. Die Seekrankheit, fauliges Wasser, die Enge, verbunden mit schlechter Luft und einseitiger Kost, machten die Überfahrt zur Qual.

Im Schiffsdeck

Landete man dann in Nordamerika, bestand die Möglichkeit, schon nach wenigen Jahrzehnten die alte Heimat, Old Germany, zu besuchen. Man hatte es durch Fleiß und Tüchtigkeit geschafft und zu einem gewissen Wohlstand gebracht.

Verschlug es den Ankömmling aber nach Südamerika, blieb die Rückkehr oder der Besuch in der alten Heimat gewöhnlich für immer ein Wunschtraum.

Bestärkt in ihrem Entschluss zur Auswanderung wurden dabei viele durch eine gezielte Einwanderungspolitik der Aufnahmeländer. Unter ihnen befand sich auch Argentinien. Hier hatte sein bedeutender Schriftsteller und Politiker Domingo Faustino Sarmiento

(1811–1888) versucht, den Strom der seit 1820 bereits in die USA eingesetzten Masseneinwanderung (bis 1928 waren es 37 Millionen!) nach Argentinien umzuleiten.

Aber seine Bemühungen blieben erfolglos. Der Vorsprung der USA war nicht mehr einzuholen. Interessieren dürfte auch, dass Sarmiento in seinen Einwanderungsplänen vor allem an Menschen aus West-, Mittel- und Nordeuropa gedacht hatte. Dabei hatte er besonders die Engländer und Deutschen im Blick. Eine Studien- und Erkundungsreise durch die USA hatte in ihm diesen Entschluss reifen lassen. Dabei war er zu Folgerungen gekommen, die er so ausdrückte: »Die deutschen Einwanderer sind uns ganz besonders willkommen wegen ihrer sprichwörtlichen Ehrenhaftigkeit, ihrer Arbeitsamkeit und ihres friedfertigen, ruhigen Charakters.«

Ohne Geld läuft auch für Auswanderer nichts

So erfolgte eine deutsche Einwanderung in das südliche Amerika erst später (um 1800), und das auch nur sehr zögerlich. Nordamerika hatte bereits *abgesahnt*. Trotzdem blieb der deutsche Einfluss auch in den südlichen Ländern unverkennbar, aber er war nicht bestimmend.

Erst als die USA nach Ende des Ersten Weltkriegs (1918) sehr scharfe Einwanderungsbestimmungen erließen, zuungunsten der südeuropäischen und osteuropäischen Länder, bewegte sich der europäische Einwanderungsstrom, hauptsächlich aus Italien und Spanien, auch nach Südamerika.

Lockvogel aller überseeischen Einwanderungsländer waren ihre riesigen ausgedehnten Ländereien, ihre fruchtbaren Pampas und die holzreichen, undurchdringlichen, geheimnisvollen Tropenwälder. Hier lag ein ungeheures, aber eben ungenütztes totes Kapital, das erst dann geschöpft werden konnte, wenn fleißige Hände und viel Schweiß zum Einsatz kamen.

Schwäbische Auswandererfamilie nach dem Ersten Weltkrieg

Dafür waren die Einwanderer vorgesehen. Um sie aufzuspüren und zu motivieren benötigte man gute Werbung. So reisten schon im 19. Jahrhundert brasilianische Werber durch die europäischen Staaten. Mit großartigen Versprechungen wie »kostenlosem Land, einer Kuh und einem Pflug« köderte man die Menschen. Die

Regierungsangebote waren wohl korrekt und vertraglich abgesichert, aber auch hier fehlte nicht der berühmte Haken. Man schob und lenkte die Ankömmlinge dorthin, wo es wohl viele Steine, aber wenig Brot gab. Undurchdringlicher Urwald, unwegsames, steiles Berggelände ohne Bach und Wasser, dafür meilenweit von der nächsten Ansiedlung entfernt und kein Arzt in erreichbarer Nähe war die Wirklichkeit, die die Aussiedler vorfanden. Auf die Neuankömmlinge wartete ein mühevolles, qualvolles und lebenslanges Rackern. »Dem Ersten der Tod!«, so ist es gewesen.

Nur zuhören – Fritz Held (rechts) unterhält sich mit »Don Gustavo«

7. Erzähl doch mal!

Alle, von denen ich in diesem Buch erzählt habe, traf ich in Argentinien und Paraguay (1951–2009); zunächst als eingewanderter Leidensgenosse und später als Pfarrer und Seelsorger.

Ihre Namen habe ich zum Teil geändert. Was bei diesen Unterhaltungen unüberhörbar war und was mir immer wieder auffiel, waren die sich ähnelnden Motive für ihre Auswanderung und ihr späteres Ausharren in der Fremde. Zweifellos stand an erster Stelle die wirtschaftliche Not, aber dann ...:

- Es gab eine Art schlechtes Gewissen, weil man die Heimat verlassen hatte. Die vorgebrachten Gründe klangen wohl überzeugend, aber trotzdem auch wie eine leise Entschuldigung.
- Da war Trotz oder gar Zorn. Man fühlte sich von irgendjemandem betrogen und hereingelegt. Es waren also Menschen, Umstände oder Zwänge, die sie zu ihrem Schritt getrieben hatten. Aber denen wollte man es schon zeigen!
- Da gab es auch Reue: »Wenn wir geahnt hätten, was auf uns zukommt, wären wir nie gegangen!« Jetzt war es zu spät. Wenn man nach Hause schrieb: »Es geht uns gut!«, dann war dies in der Regel nur eine Ausflucht. Man wollte die alten Eltern oder Freunde nicht beunruhigen. Die Wahrheit hätte sowieso keinem genützt, der Zug war abgefahren.
- Da war die Scham. Was hatte es doch vor der Ausreise für bewegende Abschiedsfeiern gegeben. Man war für sein mutiges Vorhaben so sehr bewundert worden, kam sogar in der Lokalzeitung. Und jetzt sollte man, so wie der verlorene Sohn in der Bibel, völlig abgebrannt und sozusagen auf den Socken wieder heimkehren? Dem Spott und der Häme aller Heimatkrieger ausgesetzt, die das alles schon im Voraus gewusst und prophezeit hatten? Nein, diesen Gefallen tat man

ihnen nicht. Lieber biss man die Zähne zusammen und hielt aus.

- Und natürlich war da auch noch die Triebfeder des Traums vom Glück. Da gab es doch so ergreifende Geschichten wie die des armen Schiffsjungen, der es dann trotz allem bis zum Millionär gebracht hatte! Warum sollte man es nicht auch schaffen, nach einem harten Arbeitsleben so viel Kapital zusammengespart zu haben, dass es für eine Besuchsreise in die alte Heimat reichte oder vielleicht sogar für eine Heimkehr?

So haben viele gedacht. Aber es kam eben alles ganz anders. Es wurden Kinder geboren. Es kamen Missernten und Krankheiten, die den Erntegewinn von Jahren auffraßen. Plötzlich fielen die Weltmarktpreise so stark, dass es gerade noch reichte, dem Kaufmann seinen geleisteten Vorschuss für das Saatgut zurückzahlen zu können. Es kamen Heuschrecken, die über Nacht die Felder kahl fraßen. Politische Unruhen und lebensbedrohende Revolutionen überrollten einen. So blieb keine andere Wahl als zu bleiben.

Sicher gab es dazwischen auch immer wieder bescheidene Lichtblicke. Wegen anhaltender Dürren oder riesiger Überschwemmungen hatte es in den USA große Missernten gegeben. Plötzlich schnellten die Preise für Baumwolle, Mais oder Weizen in die Höhe. Und auch im fernen Lande war die Zeit nicht stehen geblieben. Mit den Jahren hatte man gelernt, sich mit den einheimischen Nachbarn anzufreunden. Man konnte sich sogar in der Landessprache mit ihnen verständigen und unterhalten.

Hier stand jetzt das mit so viel Mühe und Opfer erbaute Häuschen. Die Bretter dazu hatte man noch mit der Hand von den Urwaldstämmen abgesägt. Und davor das Gärtchen, das so prächtige Zwiebeln, Kohlköpfe und Tomaten inmitten bunter Blumen hergab. Auch der Gartenzaun aus Holz war Zeuge und Stolz vieler langer Arbeitsstunden. Die Kinder hatten ihre Freunde in der Urwaldschule. Vielleicht waren sie auch bereits mit einem Einheimischen verheiratet. Da war das reizende, eben geborene Enkelchen. Und was war mit dem kleinen Kindergrab auf dem Friedhof? Sollte man dies alles jetzt wieder verlassen?

Die neue Heimat

So ist man geblieben. Man war alt geworden und hatte sich angepasst. Für ein erneutes Wandern hatte man keinen Mut mehr. Dazu kam, dass sich ja auch in der alten Heimat so viel verändert hatte. Das erfuhr man aus den Briefen. Was sollte man dort noch anfangen?

Eine Welle großer Hoffnungen ging allerdings während der Zeit des Dritten Reiches noch einmal durch die deutschen Gemeinschaften in Übersee. Bei nicht wenigen stieß Hitlers Ruf »Heim ins Reich!« auf willige Ohren. Versprach doch seine Expansionspolitik dem »Volk ohne Raum« eine großartige Zukunft.

Der starke wirtschaftliche Aufschwung dieser Jahre lockte gerade junge Menschen nach Deutschland zurück. Bot sich dort doch auch für sie die Chance zu einer soliden Fach- und Berufsausbildung, was im Gastland nicht möglich war. So sind nicht wenige gegangen. Aber als der Krieg 1939 ausbrach, mussten auch diese jungen Männer die Soldatenuniform anziehen und so mancher kehrte nie wieder heim.

8. So fingen sie alle an

Viele Auswanderer hatten keine andere Wahl, als sich in der Landwirtschaft zu betätigen. Allein die Unkenntnis der Landessprache machte eine handwerkliche oder gar akademisch-geistige Arbeit in den Städten für das erste Jahrzehnt unmöglich. So blieb nur der Ausweg, aufs Land zu gehen!

Aber natürlich konnte keiner allein in die Einöden von wüsten Steppen oder gefährlichen Urwäldern ziehen.

Man suchte nach gleichgesinnten Schicksalsgenossen und zukünftigen Nachbarn. Bevorzugt wurden dabei Landsleute, mit denen man in der Muttersprache sprechen oder bei denen man sogar sein Herz ausschütten konnte. Man brauchte ebenso viele helfende Hände, die einem beim Aufrichten einer ersten Wohngelegenheit zur Hand gingen. Diese Tuchfühlung war überlebenswichtig.

Leben im Urwald – ungesehen lauern überall Schlangen und Ungeziefer

Sagt doch das Sprichwort: »Ein guter Nachbar ist besser als ein Bruder in der Ferne!« Vom Nachbarn kann in der Wildnis das Leben abhängen. Deswegen schlossen sich nicht wenige vor der Ausreise noch in der Heimat zu Familien-, Nachbarschafts- oder ganzen Dorfgemeinschaften zusammen.

Ich denke bei solchen Gruppen an die Wolgadeutschen und an die Mennoniten, eine evangelische Religionsgemeinschaft, die sich bereits 1788 von der Kaiserin Katharina nach Russland rufen ließ. Dort verwandelten sie dieses Steppengebiet in eine reiche Kornkammer. Die russische Regierung hatte ihnen für 99 Jahre große Sonderrechte eingeräumt: eigene Dorfverwaltung, eigenes Schulwesen, Befreiung vom Militärdienst, eigene Polizei und vieles mehr. Aber als nach Ablauf dieser Frist diese Sonderrechte verloren gingen, zogen sie wieder weiter, bevorzugt in die USA und nach Kanada. Aber auch nach Argentinien und Paraguay. So trafen die ersten Auswanderer der Wolgadeutschen 1878 in Argentinien ein, wo dann ausgedehnte Dörfer in den Provinzen Buenos Aires, Entre Rios, Santa Fe und Chaco entstanden. Die Ansiedlung geschah streng nach der Konfession, die Pfarrer wurden zum Teil mitgebracht. Die Mennoniten kamen zwischen 1927 und 1930 auch nach Paraguay, wo ich später ihre großartige Aufbauarbeit persönlich bewundern konnte.

Es gab auch Gruppen, die aus politischen Gründen emigrierten. Zum Beispiel Kommunisten aus dem Saarland, die nach dem Anschluss an das Dritte Reich (1935) ihre Heimat verließen. Ebenso auch jüdische Flüchtlinge, die sich in Paraguay als Landwirte eine Zukunft versprachen.

Ebenso lernte ich eine Ansiedlung von belgischen Flamen in Paraguay kennen. Sie hatten während des Zweiten Weltkriegs als Freiwillige an der Seite Deutschlands gegen den Bolschewismus (wie das damals hieß) gekämpft und hatten nach Kriegsende unter Verfolgung und harten Strafen zu leiden. So verließen sie ihre Heimat.

Friedhof im Urwald – Viele Auswanderer äußern den Wunsch, eine Handvoll Erde aus der Heimat zu beschaffen und auf ihrem Grab ausstreuen zu lassen

Es liegt wohl im natürlichen Trieb des Menschen, dass er sich in schwierigen Situationen und Gefahren zu Notgemeinschaften zusammenschließt, so wie das auch in der Tierwelt zu beobachten ist. Daher waren Einsiedler seltener zu entdecken. Man fand aber immer wieder den einen oder anderen irgendwo im Abseits leben oder vegetieren. Erfahrungsgemäß gehörte aber ein Teil von ihnen zu dieser bedauernswerten Gruppe, die *unter die Räder* kam.

Nachwort

Ich möchte meinen Bericht über die Wanderer unserer Zeit nicht beenden, ohne auch derer zu gedenken, die durch Kriegseinwirkungen gewaltsam und erbarmungslos aus ihrer Heimat vertrieben wurden. Sie waren Flüchtlinge.

Als ich aus dem Krieg nach Hause kam, waren die Dörfer voll von ihnen. Auch uns gegenüber wohnte eine junge Frau aus dem Osten mit ihrem kleinen Jungen unter dem Dach bei einem Bauern.

Ihr Mann war gefallen, mit drei kleinen Kindern und einem Pferdewagen war sie vor den herannahenden Russen in Eis und Schnee geflüchtet. Zwei ihrer Kinder sind auf dieser Flucht verhungert und erfroren. Sie musste die kleinen Leichen in den Straßengraben legen und weiterziehen. Was für ein bitteres Los. Ohne jede Hoffnung auf Rückkehr, blieben ihr nur Trauer und Schmerz.

Ohne Hoffnung auf Rückkehr – dies war auch das Los derer, die gingen. Wie gut konnte ich auch später als Pfarrer diese Menschen verstehen, war ich doch einer von ihnen. Wenn dann in meinen Predigten, sicher unbewusst, die biblische Botschaft von einer Heimat der Seele auf besondere Art zum Ausdruck kam, dann mag dies manchen einsamen Wegfahrer auf eine andere Weise berührt haben als den normalen Zuhörer im heimatlichen Gottesdienst.

Ist doch im Grunde genommen jede Menschenseele auf der Suche. Ob in der Heimat oder in der Fremde. Wenn Freddy Quinn singt: »Heimat-

Illustration auf der letzten Seite des *Zupfgeigenhansls*

los sind viele auf der Welt«, dann hat es der Kirchenvater Augustin (354–430) viele Jahrhunderte zuvor so ausgedrückt: »Zu dir hin, Gott, hast du uns erschaffen und ruhelos ist unser Herz, bis es zur Ruhe kommt in dir!«

Dies zu erfahren und im Glauben erfassen zu können, ist ein Geschenk. Weder mit Geld zu kaufen noch mit Gold aufzuwiegen. Und es ist ausnahmslos für alle gültig, ob Kaiser, Papst oder Bettelmann. Gerade diesen schicksalsträchtigen Gedanken der Heimatlosigkeit möchte ich ans Ende meines Buches stellen. Gibt er doch dieser Erkenntnis Ausdruck, die dem Besucher des Friedhofs der Nordseeinsel Neuwerk ins Auge sticht. Es ist ein Gedicht, den namenlosen Toten gewidmet, die, von der See angeschwemmt, dort begraben liegen. Aber ganz sicher darf diese christliche Hoffnung auch alle mit einschließen, die das Leben einst an fremde Gestade fortgespült hat.

> Wir sind ein Volk vom Strom der Zeit,
> gespült ans Erdeneiland,
> voll Unruh und voll Herzeleid,
> bis heim uns holt der Heiland.
> Ein Vaterhaus ist immer nah,
> wie wechselnd auch die Lose:
> Es ist das Kreuz von Golgatha,
> Heimat für Heimatlose![25]

Quellennachweis

Trotz intensiver Nachforschungen konnten leider nicht alle Rechte-
inhaber ermittelt werden. Der Verlag dankt für Hinweise.

Verwendete Literatur

Karl Götz, Wenn die Hoffnung nicht wär. Einer von vielen erzählt.
Roman. Bodman/Bodensee: Hohenstaufen-Verlag, 1965.

Karl Götz, Brüder über Land und Meer. Schicksale und Geschichten der
Ausgewanderten. Bodman: Hohenstaufen-Verlag, 1967.

Uwe Meiners/Christoph Reinders-Düselder (Hg.), Fremde in Deutschland – Deutsche in der Fremde. Epochale Schlaglichter von der frühen Neuzeit
bis in die Gegenwart. Begleitband zu einer gemeinsamen Ausstellung des
Museumsdorfes Cloppenburg. Cloppenburg: Museumsdorf Cloppenburg,
1999.

Wilfred von Oven, Argentinien, Paraguay, Uruguay. Land am Silberstrom.
Die La-Plata-Länder, in: Kultur der Nationen, Bd. 25. Nürnberg: Glock und
Lutz, 1969.

Herbert Wilhelmy/Wilhelm Rohmeder, Die La-Plata-Länder. Argentinien, Paraguay, Uruguay. Braunschweig/Berlin/Hamburg/München/Kiel/
Darmstadt: Westermann, 1963.

Bildnachweis

© Fritz Held: S. 20 (Schwäbische Großfamilie), S. 28 (Lebewohl),
S. 29 (Zug), S. 43 (Haus in Argentinien), S. 49 (Auf Negro), S. 51
(Ladengeschäft), S. 59 (Jakob), S. 66 (Karl Ziegler), S. 73 (Vierfache Hoch-
zeit), S. 76 (Vor der Küche), S. 85 (Alfons), S. 88 (Auswandererpass), S. 89
(Nachbarinnen aus Ostpreußen), S. 90 (Ostpreußische Adelsfamilie), S.
91 (Gustavo), S. 96 (Witthaus), S. 100 (Anna), S. 106 (Wanderprediger),
S. 109 (Neunteufel), S. 112 (Flusslandschaft), S. 127 (Zuhören), S. 131
(Bretterhütte im Urwald), S. 133 (Leute vor Hütte im Urwald), S. 135
(Friedhof); Hermann Federico Arturo Hassel (Hg.), „Alto Parana"-Kalender
der 20er/30er-Jahre, © Hermann Federico Arturo Hassel: S. 42 (Zwei Reiter
in Dorf), S. 54 (Baumwolle), S. 126 (Schwäbische Auswandererfamilie);

Anmerkungen

1 Text: Hjalmar Kutzleb (1885–1959).

2 Text: Matthias Claudius; aus: »Der Mond ist aufgegangen«, 1779.

3 Text: mündlich überliefert; aus: »Ich hatt einen Kameraden«. Vorlage für das Lied ist das Gedicht Ludwig Uhlands »Der gute Kamerad« (1809), in dem diese Verse jedoch fehlen.

4 Text: Friedrich Müller, 1776.

5 Text: Gerhard Schumann (1911–1995); abgedruckt in: August Lämmle, Das Herz der Heimat. Eine Aussteuer aus dem schwäbischen Hausgut für unsre Söhne und Töchter daheim und draußen. Stuttgart: Steinkopf, 1940.

6 Aus: José Hernández, Der Gaucho Martín Fierro. Aus dem argentinischen Spanisch übertragen von Pedro Pluhar. Köln: Pluhar, 1999, 2. verb. Aufl. Das argentinische Original erschien in zwei Teilen 1872 und 1879.

7 Mündlich überliefert.

8 Text: Fritz Held; aus: »Dunkle Wälder grenzen grünes Land«.

9 Text: August Disselhoff, 1851.

10 Text: Joseph Freiherr von Eichendorff; aus: »Heimweh«; erschienen in: Aus dem Leben eines Taugenichts, 1826.

11 Text: Hans Riedel, 1919.

12 Fritz Held, Vom Gauchosattel auf die Kanzel. Holzgerlingen: SCM Hänssler, 2009.

13 Text: mündlich überliefert.

14 Text: Joseph Freiherr von Eichendorff; aus: »Heimweh«, erschienen in: Aus dem Leben eines Taugenichts, 1826.

15 Text: Michael Öchsner (1816–1893); Neufassung: Josef Maria Lutz (1893–1972).

16 S. Anmerkung 15.

17 Text: Erich Hannighofer (1908–1945).

18 Text: Hermann Frey (1876–1950).

19 Text: Franz Kugler (1808–1858).

20 Adolf Neunteufel, Yasí-yateré. Acht Jahre Tierfang und Jagd im Urwald von Paraguay. Leipzig: F. A. Brockhaus, 1941.

21 Text: mündlich überliefert.

22 Text: mündlich überliefert.

23 Text: Rudolf Sieczynski (1879–1952).

24 Text: Christian Friedrich Daniel Schubart (1739–1791).

25 Text: Rudolf Kögel (1829–1896).

Fritz Held

Vom Gauchosattel auf die Kanzel
Mein Lebensweg

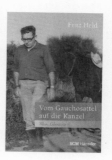

Gebunden, 13,5 x 20,5 cm, 608 S.
Nr. 394.655
ISBN 978-3-7751-4655-5

Vom Ländle in die Urwälder Paraguays. Ein schwäbisches Original erzählt aus seinem bewegten Leben und von der Erfüllung seines Traums.

Nicola Vollkommer

Unter dem Flammenbaum
Wo meine Seele ihr Nest hatte

Gebunden, 13,5 x 20,5 cm, 288 S.
Nr. 395.250
ISBN 978-3-7751-5250-1

Eine Kindheit im Herzen Afrikas. Nicola Vollkommer erzählt von ihrer Familie, die zwischen die Fronten eines Bürgerkrieges geriet. Und von ihrem Vater, der durch seinen Einsatz vielen das Leben rettete. Ein Buch, das die Farben und Klänge Afrikas lebendig werden lässt.

Bitte fragen Sie in Ihrer Buchhandlung nach diesen Büchern!
Oder schreiben Sie an: SCM Hänssler, D-71087 Holzgerlingen; E-Mail:
info@scm-haenssler.de; Internet: www.scm-haenssler.de